故事里的长城

文化中国

谷卿/主编

Gushi Li de Changcheng

故事里的长城

刘先福——著

时代出版传媒股份有限公司
安徽少年儿童出版社

图书在版编目（CIP）数据

故事里的长城 / 刘先福著. -- 合肥 : 安徽少年儿童出版社, 2025. 1. -- (文化中国 / 谷卿主编).

ISBN 978-7-5707-2118-4

Ⅰ. K928.77-49

中国国家版本馆CIP数据核字第2024UB7158号

WENHUA ZHONGGUO GUSHI LI DE CHANGCHENG

文化中国 · 故事里的长城

谷　卿　主编

刘先福　著

出 版 人：李玲玲　　策　　划：高　静　　责任编辑：高　静

丛书题字：朱天曙　　责任校对：邬晓燕　　责任印制：朱一之

出版发行：安徽少年儿童出版社　E-mail：ahse1984@163.com

新浪官方微博：http://weibo.com/ahsecbs

（安徽省合肥市翡翠路1118号出版传媒广场　　邮政编码：230071）

出版部电话：（0551）63533536（办公室）　　63533533（传真）

（如发现印装质量问题，影响阅读，请与本社出版部联系调换）

印　　制：安徽联众印刷有限公司

开　　本：635 mm × 900 mm　1/16　　印张：11.25　　字数：85千字

版　　次：2025年1月第1版　　2025年1月第1次印刷

ISBN 978-7-5707-2118-4　　定价：28.00元

总　序

中国，是一个历史悠久的国家，是我们成长、生活的美好家园；中国，也是一个不断更新的概念，在从“天下中心”走向“全球一员”的过程中，中国的内涵不断丰富、变化。要想真正地了解中国，其实并不容易。

以“地理中国”为视角，我们看到中华先民心目中“天圆地方”的世界，从黄河中下游及淮河流域，扩展到长城内外、南海诸岛、边疆各地；以“历史中国”为视角，我们看到周秦汉唐、宋元明清的灿烂辉煌，二十五史书写的兴废和更替；以“考古中国”为视角，我们又从那些遗物、遗址和遗迹里，探索出老祖宗们的习惯与好恶，得以窥见中华文明的第一缕曙光。

这些理解方式，或许都近似于盲人摸象：只知一点，不及其余。不过，盲人摸象也同样值得肯定，因为我们毕竟实实在在地触摸和感受到了，我们毕竟在无限靠近和贴近对方。

本丛书就是一次“摸象”的实践，我们从不同的角度、以不同的方式，去试着触碰、了解、阅读、描述我们“摸”到的中国：可能是一座山，可能是一条河，可能是这片土地上的一粒沙石、一瓣花朵、一个季节、一段旅程。通过它们，我们看到了所能感知到的最为真实的中国——中国，不再坚硬、固定、严肃，她化入和我们最亲近的万物、万事、万象，甚至和我们本身已然不可分开。

我们给本丛书命名为“文化中国”，希望让种种可见的、不可见的景观、习俗、技艺以及物质和非物质的遗存，以一种大家更容易接受的方式被看见和被了解。这将构成我们理解中国的基础，也是我们认识自己、拥抱世界、走向未来的信心之源。

愿更多的朋友加入我们的队伍，愿我们共同擘画出最美好的“文化中国”。

谷　卿

2024 年 2 月 4 日　时值立春

走，去看长城！

扫码，一起出发

ahsr 售

站 ——→ 长城 站

年 月 日

票价：________________

持票人：______________

中国长城

世界中古七大奇迹之一

起点 山海关

终点 嘉峪关

- 中国古代军事防御工事，包括城墙、烽火台、关隘等多种设施。
- 历代长城总长度 21196.18 千米，其中明长城 8851.8 千米。

▲ 玉门关汉长城 鲁青 / 摄

◀ 嘉峪关

鲁青 / 摄

● 中国历代长城分布在北京、天津、河北、山西、内蒙古、辽宁、吉林、黑龙江、山东、河南、陕西、甘肃、青海、宁夏、新疆等 15 个省、自治区、直辖市。

● 长城十三关：山海关（河北秦皇岛）、黄崖关（天津）、居庸关（北京）、紫荆关（河北保定）、倒马关（山西忻州）、平型关（山西忻州）、偏头关（山西忻州）、雁门关（山西忻州）、娘子关（山西阳泉）、杀虎口关（山西朔州）、 嘉峪关（甘肃嘉峪关）、阳关（甘肃酒泉）、玉门关（甘肃酒泉）。

▲ 八达岭长城

刘先福 / 摄

▲ 司马台长城

谷卿 / 摄

▲ 黄崖关长城

鲁青 / 摄

◀ 北齐墩台 鲁青 / 摄

我在长城很想你

目录

第一编 长城风貌

第二编 长城寻古

第三编 长城典故

第四编 长城精神

第五编 长城印象

第一编

长城风貌

一、最早的长城

说到长城，你是不是会想起这样一个比喻——长城像一条蜿蜒的巨龙横亘在中国北方？的确如此，长城给人的视觉印象太深刻，太有冲击力了！或许你曾到过山海关、八达岭、嘉峪关这些旅游胜地参观游览，还在长城上拍照打卡。即便你还没有机会真的来到长城脚下，也肯定在电视上看过长城壮美的风光。

今天的长城，已是中华民族的精神象征，也是为世界熟知的“中国符号”。我们面对长城的雄伟气势、欣赏祖国的大好河山时，不免会惊叹古人的聪明才智，也会意识到修筑长城必然要面对的艰辛。实际上，现在我们见到的长城，或者说印象中的长城，大多是明代长城遗址；而历史上长城出现的时间要早得多，比一般人们认为的秦始皇时代还要更早。

现在，就让我们穿越历史，先从最早的长城谈起吧。

在两千多年前的春秋战国时期，中国大地上分布着大大小小上百个诸侯国，它们很大程度上是周代分封制度的产物。简单地说，周天子把疆域内的土地分给自己的亲戚、立功的臣子等，让他们管理各自的封地，共同来辅佐天子；而在自己封地上的诸侯有着相当大的权力。

这些诸侯国之间免不了会发生战争和冲突，为了保卫自己的地盘，坚固的城池是必须有的。

于是，各诸侯都加紧建筑高高的围墙、挖掘深深的壕沟、训练精干的军队、准备充足的粮草。同时，光靠自己的力量还不够，他们还要有相互扶持的同盟，像我们熟知的成语——围魏救赵、唇亡齿寒、朝秦暮楚都与这个时期有关。查查这些成语的出处，我们对那段战火纷飞的历史就会有个大致的了解。

关于最早的长城，我们可以从文献记载和考古遗址两个方面来说，但不管哪一种，长城这个概念出现的时间都比秦始皇时代早上几百年；而且随

着考古新发现，其出现的年代也许还会提前。

有关长城的文字记录，最早见于《左传》。《左传》是我国古代第一部叙事完备的编年体史书，相传为春秋末年的鲁国史官左丘明所写，因此书中的纪年也是按照鲁国的纪年方式。在“僖公四年”这段里，记录了一件楚国与齐国之间发生的战事。当时，诸侯国都有各自的纪年方式，这里的鲁僖公四年就是楚成王十六年，按照公历纪年法应该是公元前656年。

这一年春天，齐桓公，就是鼎鼎大名的春秋五霸之首，率领诸侯军队先是攻打蔡国；蔡国大败后，他们接着又去攻打楚国。楚成王看到兵临城下，却不知何故，马上派出使节前去询问。史书上记载了一个我们今天还在用的成语——风马牛不相及。这里的“风”有奔逸、走失的意思，也引申为雌雄动物因散发出的气味，而相互追逐吸引。马和牛是不同种类的动物，本来不会产生任何联系，这里指的是两国的马和牛怎么也不会跑到对方的境内，现比喻两种事物之间毫不相干。

楚国的使节问道：“齐国在北方，楚国在南方，您进犯我们楚国不知道是为了什么。”齐相管仲回答说：“按照从前周天子的命令，我们齐国是有权讨伐那些没有按时缴纳贡品的诸侯的。现在，你们常年不缴纳贡品，导致周天子的祭品不够用，我们特意来责问你们。还有一件事，周昭王南征楚地还没有返回，我们也特来兴师问罪。”使节回应说：“贡品没有及时缴纳是国君的过错，我们是不敢不给的。但是周昭王的事情，还请您去问问水边的人吧。”[①]不过，齐国并没就此作罢，他们的军队继

---

①其中一种说法是周昭王南征楚国，渡汉水时，当地人用胶粘的船给他们乘。船在水中散架，周昭王及其臣属都被淹死。

续前进，临时驻扎在楚国的陉[①]地。

到了夏天，楚王又派大夫屈完前去说服齐桓公退兵。齐桓公为了炫耀自己兵强马壮，就摆开阵势，和屈完一起检阅军队。齐桓公说：“你看，这样强大的军队有什么能够抵挡呢？什么样的城池我们攻不下呢？”屈完不卑不亢地回答：“如果您用德行安抚诸侯国，大家都会臣服。但是如果您只想凭借武力使人屈服，我们楚国就把方城作为防守的城墙，把汉水作为护城的河水，您的兵力再多，也会无用武之地。”

这里，屈完特别强调了“方城”可以御敌的作用。什么是方城呢？显然，它并不是一座孤立的城，而应该有一段很长的防线，形成连续的防御体系。这里的“方城”就是最早的长城。《汉书·地

---

①地名，春秋楚地，现河南省漯河市。

理志》里就明确写道："有长城，号曰方城。"因此，我们一般就把方城视为长城的雏形。近年来的考古发现也大体上印证了楚国长城的分布范围和年代，与文献中的记载基本吻合。

除了屈完雄辩齐桓公，史书上记载的其他几个故事都讲到"楚国用方城退敌"。比如，楚穆王二年（公元前 624 年），晋国的处父为救援江国，也起兵攻打楚国，在方城遇到了息公子朱，结果无功而返。楚康王三年（公元前 557 年），晋国的荀偃、栾黡领兵伐楚，同样没有攻入方城，无功而返。

实际上，春秋战国时期修筑长城保卫领土的不只有楚国，不少诸侯国都有自己的长城，像齐长城、魏长城、燕长城，赵长城等。这些长城有的是为了防御其他诸侯国，有的则是为了防范北方游牧民族的侵扰。在巩固统治、抵挡敌人方面，长城发挥着十分重要的作用；从单个的、孤立的城，发展为连续的、呼应的城，慢慢形成体系化的防御。这样一来，在冷兵器时代，不管是大规模的军队攻城，还是游牧部落的频繁入侵，高大的城墙都会让敌人望而却步。

依靠自然地理的天然屏障和就地取材的建筑原料，长城的概念不断得到发展，它也被写进中国历史，融入中国人文精神，成为中国的象征符号。回眸历史，我们看到的不是冰冷的城墙和遗址，而是有温度的人的生活，其中既有保家卫国的大将军，也有英勇善战的戍边战士，还有聪明能干的建筑工匠，以及数不清的在长城内外居住的老百姓。他们共同构成长城文化，也是长城故事的亲历者和讲述者。

沧海桑田，历史变迁，古代修筑的长城今天大多已全貌不存了。不过，遍布东西南北的残垣土丘仍在向我们讲述着两千多年前金戈铁马的动人故事。

二、伟大的工程

如果用“伟大的工程”来形容长城，我想是没有什么争议的。

据统计，历代长城的总长度达 21196.18 千米。修筑长城的历史从春秋战国到明朝末年，持续 2000 多年。长城的各类城墙和建筑等遗址，达43000余处。长城分布范围涉及北京市、天津市、河北省、山西省、内蒙古自治区、辽宁省、吉林省、黑龙江省、山东省、河南省、陕西省、甘肃省、青海省、宁夏回族自治区、新疆维吾尔自治区等 15 个省区市的 404 个县市区。

从上面这些数据，我们可以清楚地看到长城的宏伟。它是我国首批入选《世界遗产名录》的文化遗产，也有人称其为“世界中古七大奇迹之一”。长城给我们留下壮美宏大的整体印象，而当你走近长城，细细地端详它的结构和墙砖时，你会发现它是一项系统性的军事防御工程。

我们都知道，在冷兵器时代，人们能使用的武器十分有限，而高大的城墙毫无疑问是抵挡进攻的一个重要屏障，想要逾越这个屏障并非易事。如果在瞭望台之上安排重兵，易守难攻，守城一方就要轻松许多，何况还有自然的山川沟壑作为天然的屏障呢。面对飘忽不定的北方游牧军团的进攻，修筑长长的城墙便是最为有效的防御手段。虽然英语里把长城叫作“The Great Wall”，但长城可真不只是一面墙那么简单。

下面我们就要聊聊长城的建筑学知识。

一般印象中，长城都是用石头或者砖头砌成的，但事实并非如此。如果有机会多去几处长城遗址参观，我们就会发现，建造长城的原料十分丰富，很多都是就地取材。比如，在东北地区的辽东城墙有些就用了夯土技术；甘肃西部还出现了用芦苇、红柳、梭梭木混合沙的构筑方式；特别是在自然形成障碍的地方，修建者利用崇山峻岭，辅助人工垒石的排列，做成石头墙；有的地方还改变自然的山势，凿开山壁形成劈山墙；有的地方也用柞木制成栅栏墙、木板墙；还有的地方甚至将壕沟注满水形成“边壕”。

再看看长城的样式。如果你仔细观察长城的城墙，可能会发现两边墙的高度是不一样的。出于防卫的需要，城墙内低外高，呈梯形。朝向外面的是垛口，也叫“雉堞”，是用来掩护守城士兵的。朝向里面的是宇墙，也叫女儿墙，也有“女墙”或者“女垣”的说法，这段矮墙主要起护栏作用。

关于女儿墙名称的由来还有一个传说。

古时候，有个工匠因为忙于干活，为了照料小女儿，只能一直把她带在身旁。有一天，他在屋顶砌墙时，小女孩不慎从屋顶摔下。这位工匠十分伤心，为了避免悲剧再发生，他沿着屋顶砌上了一段矮墙，于是这段墙就被称作女儿墙。

关于长城的建筑学知识还需要我们进一步解读，但现在面对这样宏伟的工程，我们至少可以赞叹古代能工巧匠的惊人力量。在民间，有许多传说讲述了修建长城的神奇之法。这里我们说一个有关司马台长城“望京楼”的故事。

司马台长城位于北京东北部的密云古北口，“望京楼”是司马台长城上最有名的建筑。它是整个司马台长城的制高点，海拔近千米；天气好的时候，可以从其上面眺望到北京城。传说，望京楼原来叫“王静楼”，而讹传成了望京楼。

当年番兵屡犯中原，骚扰百姓，人们商量如何御敌。有一个叫王静的小伙子站起来发言：“我们要想一个长久之策才行。”他提议，“我们最好是用石头垒砌一道山墙，并派人在上面把守；一旦有番兵来袭，就赶快点起狼烟，大家看到后一齐出击，必然能迅速战胜敌人。”

大伙觉得这是个好办法，可是他们这里山不高也不险，人手又少，修一道相当高的墙是很困难的。是啊，这可怎么办呢？王静回到家也在琢磨，怎样才能修一道让番兵难以逾越的山墙呢？他日思夜想，像着了魔一样。忽然有一天，有一个拄着拐杖的白胡子老头走到王静身边，问道：“是你想修墙吗？”

“是的，我想垒一道山墙抵御番兵。”王静回答道。

“这是很辛苦的事情，你不怕吗？”老头问。

王静坚定地说：“我不怕，再苦再难也不怕。”

“好，我给你指一条路。你向东南方向翻过九十九道山梁，那里有一座燕灵山，山上有个灵云洞，那里有个力大无比的人，你可以求他来帮你。”

“太好了，谢谢老人家！”王静正

要拜谢，老头却不见了。王静一惊，就醒了。原来是个梦啊。不过，王静想，我还是去试试吧，万一真的有神人帮忙呢。

于是，他按照老头给的路线，历经艰险，来到了传说中的灵云洞。洞口很大，里面有一座大殿，大殿里面坐着一位天神，身披黄金甲，头戴紫金冠，长着三只眼。哦，原来是二郎神。王静就跟二郎神讲了自己的想法。二郎神说："好吧，我可以帮你，但只能趁着黑夜，不可到天明，稍有差错，你就会有性命之忧。"王静点头称是。

半夜，古北口的百姓听见天空中发出轰隆隆的巨响，霎时间电闪雷鸣，那正是二郎神在帮助王静搬山筑墙。等天快亮时，二郎神就离开了。这里已经形成险峻的山峰和高大的城墙。王静想，光有这些还不够，城楼上还需要筑上几座烽火台用来传递消息。

接着，王静就搬起巨石搭建敌楼。他太辛苦了，不久就倒下了，再也没有起来。他身边还剩下三块巨石。天亮以后，百姓们来干活时，才发现王静躺在那里。为了感恩他的奉献，人们就用那三块巨石修了一座敌楼，取名“王静楼”，作为对他的纪念。后来，就叫成了望京楼。

我们的传说总是有这样那样类似的情节，像这种搬山修城的就被称为“赶山型”[①]传说，在许

---

①一种解释山岳、建筑形成原因的民间故事类型。

多地方都有流传，而且主角大多都是二郎神。你的家乡有这样的传说吗？

在另一则解释司马台长城修建的传说里，说是因为这里地势险峻，造成多人死伤，玉皇大帝派来二郎神帮忙运石。二郎神觉得成堆的条石不好搬运，就将手中的三尖两刃刀一晃，将其变成了“赶山鞭”，这件宝物在很多传说中都出现过。赶山鞭一挥，条石都变成了山羊，一个跟着一个奔向山顶，到了山顶后又变为石头，整齐地码在一起。

一个小兵恰好看见了二郎神赶山，惊奇地叫了一声。二郎神正在施法，听见尖叫声，吓了一跳，不小心把赶上来的一些石头踢了下去，落在东面的山坳里。这样，石料就不够了，现在登上长城会看到有几层是碎石块砌的，而被二郎神踢下的条石形成了现在的“条石坳”。

人们就是用这样美好的想象来解释长城这项伟大工程的建造，也用它来解释身边的风景名胜、一草一木。走在每一段长城上，我们都会倍感建造长城的不易，这些都是人民群众的功劳。

三、天下第一关

万里长城上有数不清的雄关隘口，每一处都积淀着深厚的历史，眼前的城墙土丘都在诉说着如烟的往事。要问长城上哪一座关口最有名，被称为“天下第一关”的山海关一定是实至名归的。它位于明长城的最东端，可以算作一个起点；那幅悬挂在山海关东城楼上的巨大的“天下第一关”匾额，也为它积累了不少的人气。

据说，写出这几个遒劲有力榜书大字的人，名叫萧显，明朝人，是成化年间的进士，他也是山海关本地人。

关于萧显题写“天下第一关”还流传着一个故事。

萧显年轻的时候家境贫寒，但他读书很刻苦，尤其是字写得很漂亮。这一年他要进京赶考，可是囊中羞涩，他的邻居—— 一位孤老太太帮助了他。听说皇上要在山海关挂一块“天下第一关”的匾额，萧显为了感谢老太太，于是他先写好字，让老人家等圣旨来了献给总镇大人，换取些奖赏。

令人捉摸不透的是，萧显就写了“天下第关”四个字，少写个“一”字。这是为什么呢？萧显对老太太说：“如果总镇大人问您，您就说这个‘一’

字被风刮走了，得找人补写一个。这样，皇上就会下旨找人来写，到时候您再来找我。”说完，萧显就出发去赶考了。

不久，圣旨果然到了，老太太就带着四个大字去找总镇大人。总镇大人一看发现字写得非常好，就问怎么少了一个字。老太太按萧显的话如实禀报。总镇大人觉得写个“一”字还不容易，就打发老太太走了，但没给她一点赏银，理由是把“一”字弄丢了，没治罪就不错了，还想要奖赏，真是痴心妄想。

总镇大人找不少善书法的人来补写，可看上去简单的“一”字，别人却怎么也写不出原书写者的效果；和原来那四个字放在一起就是不协调，要么长了，要么短了，要么粗了，要么细了。总镇大人只能请皇上下一道圣旨，寻找能补写之人。老太太想起萧显的话，马上赶去京城。此时的萧显已经高中，在京城当上了官。

老太太说明来意后，萧显让她先休息几天。过了三天，萧显还是只字不提写字的事情。老太太等不及就问萧显什么时候写。萧显让老太太先帮他磨墨。可是墨都装满一小缸了，还不见他动笔。就这样，老太太不停地磨墨，一直磨了七天七夜，整整磨了一缸的墨汁。

一切准备好后，萧显还要等到午后才写，并提出要吃一顿老太太做的粗茶淡饭。饭吃完了，萧显这才开始。

他并没有用笔，而是把头发放下来——古代的男人都是蓄长发的。他用绳子把长长的头发捆起来，将这“奇特的笔”放在墨缸里，饱蘸浓墨后，在巨大的宣纸上缓缓地写下了一个“一”字，刚好和原来的四个字大小相配。

“这下应该可以让您再得到一些赏银了。”萧显说。老太太有些委屈：“上次总镇大人没有给我一点奖赏。”听了这话，萧显很生气。他略微琢磨了一会儿，就给老太太出了一个主意，嘱咐她明天见到皇帝怎么讲。

第二天，老太太呈上“一”字，皇帝果然十分满意，要赏赐她。老太太对皇帝说：“这个字其实是萧显大人所写，此人有真才实学。”接着又说，她可不敢要奖赏。在皇帝的追问下，老太太说了总镇大人贪赃枉法的事情。于是，皇帝撤了总镇大人的职，老太太领着赏银开心地回家了，那位萧显大人也得到了重用。

这只是传说的一个版本。“天下第一关”匾额的由来还有不同说法。在另一个版本中，萧显题写的“下”字少了一个点。正当大家不解的时候，萧显抓起一块大抹布，蘸满墨汁，用力扔到城楼上，刚好落在了准确的位置。这个点起到画龙点睛的作用，让整个匾额一下子有了气势。

实际上，这块长近 6 米、宽约 1.5 米的巨匾本身就给人极大的冲击力，体现出中国书法的雄浑之美。当然，山海关之所以能成为“天下第一关”，不仅仅是因为一块匾，还和它所处的重要地理位置息息相关。这里本叫榆关。明洪武十四年（公元1381年），徐达就在此依山阻海修筑长城，从关外到关内必然要经过这处“京东锁钥”。如果把万里长城比作一条巨龙，那么龙头就在山海关。这里的“老龙头”景点也是长城唯一的入海处。

发生在山海关的历史故事有很多，明末李自成和吴三桂就在这里进行过激烈的较量。这一场战争的结局是清军入关，改写了中国的历史。如果我们去看地形图，就会发现山海关的险要之处。在京沈高铁开通之前，这里也一直是联通东北与华北最重要的交通枢纽。

最东边的山海关是天下第一关，那最西边的是不是第一呢？没错，明长城最西边的嘉峪关被称为“天下第一雄关”。两个都是“第一关”不是没有道理的，嘉峪关的地位同样不容小觑。这里有长城第一墩，即讨赖河[①]墩，是明嘉靖十八年（公元1539年）由肃州兵备道李涵监筑的。它是明长城从西向东的第一座墩台。

有关嘉峪关，流传有“冰道运石”“山羊驮砖”“嘉峪关城楼从顶建”等传说，讲述了民众利用智慧修建长城的故事。其中“定城砖”的传说最有名。

那是在明代，有一个叫易开占的人负责一段长城的修筑。他用料节省，体恤民夫；但是监工总是想从中捞取好处，就下令，如果易开占计算的用砖量多一块或少一块，就治他的罪。结果到竣工时，城头上多出一块砖。这怎么办？易

①发源于祁连山脉，是甘肃省嘉峪关市唯一的地表河流。

开占心想，明明自己算准了啊，又一琢磨，肯定是监工陷害。于是，他就告诉监工，这一块是计划中的定城砖，谁也不能挪动，否则关城就难保稳固。这么一说，监工也无计可施了。因此，嘉峪关城上就多了这么一块定城砖。

关于万里长城各个雄关的传说数不胜数，其中不少传说内容十分相似，传说增添了雄关的传奇色彩。当你走到雄关之下仰望城楼时，你一定会感到雄伟壮观、不虚此行，感慨每一座关城的选址、修建都倾注了民众的大量心血。雄关的存在成就了长城固若金汤的防御系统，让长城可以履行它保家卫国的历史使命；若没有雄关的存在，长城的万里绵延就无法实现。

四、长城地名知多少

沿着长城，有一连串家喻户晓的地名。提起它们，你就会联想到历史上发生过的故事。当然，还有许许多多你没有听说过的地方，也隐藏着鲜为人知的传说。每一个地方都有名字，而且有时候还不止一个；随着历史的变迁，好多名字只会出现在书本中了。其实，不管是现在使用的名字，还是曾经的称呼，都带有人类文化的痕迹，反映了人类的奇思妙想。长城沿线的“关”“口”“镇”都是如此，周边的村落也与长城文化关系密切。

在丰富多彩的长城地名中，有一些是根据地貌特征来命名的，比如卧虎山、盘龙岭、鹰愁涧等，展现了长城周围的地势险峻。

也有的地名是历史故事的写照，比如酒泉，现在我们都知道它是甘肃省的一个重要城市。实际上，这一重要的西域要塞古称“肃州”，那为什么改叫酒泉了呢?

这与西汉抗击匈奴的大将军霍去病有关。

有一次，霍去病打了胜仗，汉武帝赏赐了御酒犒劳将士。大军有二十万人，这些御酒哪怕一人一滴也不够分的。有

个副将就出主意，每一百人中选一名代表来参加庆功会。不过，两千人还是一人喝不到一小杯。这可难倒体恤将士的霍去病了。

夜晚，他睡不着，就在帐外走动，忽然听到泉水的声音，发现正好有一股

山泉绕着营房，缓缓流着。于是霍去病想到了一个绝妙的办法。第二天，全体将士来到泉边，霍去病命副将带人将御酒倒入上游泉水中，大家痛饮起来。普通的泉水似乎都有了酒味，酒泉之名由此而来。

再说说喜峰口，古时候称卢龙塞，其实这里在辽金时叫松亭关。据说关口处有三棵大松树，松枝搭在一起就好像凉亭一样。喜峰口在河北迁西的长城沿线上，自古以来就是交通要道。在元代发生的一个父寻子的动人故事改变了松亭关的名字。

有个年轻人当兵戍边，多年未回家；他的父亲去寻找他，历尽千辛万苦，终于在这里见到儿子。父子二人相拥大笑，喜极而亡，于是双双葬于此地。因此，民间将其称为喜逢口；到了明朝，又被叫成喜峰口（谐音）。

古人十分重视建筑地理位置的选择，很多长城的关城选址和命名都与凤凰的传说有关。比如，传说明朝皇帝派了王玺和周遇吉两个人去修筑晋北的长城关口——宁武城。原本宁武城的地址是选在汾阳宫，但是东边飞来一只金翅大凤凰，将确定选址的大旗叼起，向北飞走，来到了宁武的西山落下。因为民间有俗语“凤凰不落无宝之地”，所以最终就在那里修筑了关城。

地名对我们现代人而言，就是一个代号，我们打开手机地图，可以很容易找到位置和到那里的路线。可历史上的许多地名是复杂的，它承载了人类的文化和思想。一个地名包含声音、文字、意义和具体的地理坐标点，有的时候命名的标志物即便已经不在，但地名仍会保留下来。每个地方都有自己的历史，而这个历史的一部分正是由地名演变书写的。长城文化就是由地名文化构成的。我们可以从地名的命名和解释中，深入了解那些真实的地方和历史。

因此，我们在理解长城文化时，关注长城地名的由来是很有必要的。有时候一个地名的由来并不只有一种说法，我们在日常生活中常常会听到多种解释。

例如，八达岭长城世界闻名，但为什么叫“八达岭”呢？较为普遍的解释是，这个地方地势险要，四通八达，故而叫八达岭。明代蒋一葵在著作《长安客话》中说：“出居庸关，北往延庆州，西往宣镇，路从此分，故名八达岭。”这是地名语义的直接解释。

但是，在民间还有数个不同的版本。例如，元仁宗孛儿只斤·爱育黎拔力八达生于延庆，他看到此处关山险峻，于是给此地赐名“八达岭”。还有个说法是，“八达岭”由“把鞑岭”转化而来，是把守关岭不让游牧者进关的意思。还有其他的版本：“八达岭”源自蒙古语，意思是险峻的山岭；由于修筑八达岭这处工程时损伤了八个监工大人，最后使用神仙指教的“修城八法”（虎带笼头羊背鞍，燕子衔泥猴搭肩，龟驮石条兔引路，喜鹊搭桥冰铺栈），又历经了八个月的时间才修成；等等。

你或许要问了，这么多的说法，到底哪种才是真的呢？其实，地名的成因多种多样，不见得一定要追溯到所谓最原始、最正确的那一个版本，它也可能根本不存在。而且，有些地名实际上是先有名字，后有解释，是老百姓根据自己的理解和自己的知识自圆其说罢了。我们切不可武断地评价谁对谁错，因为地方民众有着一套自己的文化逻辑。

总而言之，长城的故事千千万，长城地名的故事更是万万千。我们寻访一处古迹，常常就要听听它的地名故事，这里面蕴含着丰富的历史信息和民间智慧。

第二编
长城寻古

一、胡服骑射

从战国时期的地图可以看到，赵国的主要疆域位于今天的华北地区，包括河北、山西等地，属于最靠北面、临近游牧民族的地方。赵国周围有燕国、齐国、秦国等强国，它后期也成为战国七雄之一。我们现在用的许多成语都出自赵国历史，比如负荆请罪、围魏救赵、完璧归赵、纸上谈兵、邯郸学步、鹬蚌相争、毛遂自荐等。

赵长城主要有两道，一道修筑在南面的漳滏之滨，主要用于防范魏国和齐国；他们在几十年间发生过大大小小多次冲突，也互有胜负。这道长城，修筑于赵肃侯时代，依靠山势，又加固水域堤坝，全长大约200千米，至今还有遗迹。另一道是赵武灵王二十六年（公元前300年）修筑的北长城，位于云中、雁门和代郡地区；大概东起河北张家口，向西经过内蒙古包头，再通过阴山山脉，到达高阙（这是一个缺口，位于内蒙古乌拉山和狼山之间），全长大约650千米，是抵御匈奴人的重要工程。

这里我们必须着重讲讲赵武灵王的故事。虽然在春秋战国时期众多声名显赫的诸侯中，他的名气不是最大的，但他所做的几件事情却影响深远。

赵武灵王曾被梁启超称为“黄帝以后第一伟人”。虽然这个称号有些夸张了，但凭胡服骑射和修筑长城两件事，也足以让他名垂青史。赵武

灵王名雍，是赵肃侯的儿子。他即位的时候年纪很小，由几位老臣辅佐。亲政后，在战火纷飞的局面下，他联秦抗齐，使得赵国在夹缝中获得一定的发展空间。

前面提及的成语许多都发生在赵国以邯郸为都的时代，内容也是和列国间的征战有关。赵国疆域辽阔，对面是不同部落的游牧民族。“胡服骑射”的改革，并不是赵武灵王的突发奇想。北边的威胁不亚于南边其他中原列国的，因此，北边战局的稳定同样对赵国的生存有着重要意义。

移风易俗并不是一件容易的事情，风俗自古以来就有着稳定和延续的状态，因为它和人的观念有密切的关系。脱去传统的中原民族服装，穿上胡人的衣服，这样的决定自然会遭到保守派的反对。赵武灵王要推广“胡服骑射”是因为这样一来骑射方便，既方便上马打仗，又方便骑兵射箭。没有了

传统中原着装长袍大袖的牵绊，作战迅捷了许多，游牧民族此方面的优势被抹平。当然，短衣小襟的装束，带来的不仅是外表的更改，也体现出赵武灵王在面对文化差异时的自我调适。

《史记》中记录了赵武灵王对大臣楼缓说的一番话，大致的意思是：我们赵国的先王趁着天下的变动，在南方诸侯争霸中占据一席之地；凭借着漳滏的天险，又修筑长城，夺取了蔺地和郭狼，在荏地打败了林人，但是还不能说大功告成。现在中山国在我们的腹地，北面有燕国，东面有胡，西面有林胡、楼烦、秦国、魏国；如果没有强大的军队作为保障，那么赵国就会灭亡。怎么办呢？有着超乎世俗声名的人，必然会鄙弃世俗，但也将因此带来祸害。

接着，他说出了自己的想法：“吾欲胡服。”他虽然只说了四个字，却十分坚定。楼缓的回答只有一个字“善”。他成为赵武灵王忠诚的支持者。但是，《史记·赵世家》在这段末尾又描述了大家的意见：“群臣皆不欲。”可以想象，反对的力量相当强大。

于是，赵武灵王就开始和群臣辩论，他并没有杀伐决断，强行下令，而是试图说服这些持不同意见的臣子。他的意思是：在改穿胡服这件事上我不会再犹豫，哪怕天下的人都嘲笑我。无知人的欢乐，正是聪明人的哀伤；愚蠢人的讥笑，贤能之人能够察觉到。世上肯定有顺从我的，穿胡服这项改革的功绩是无法估量的。就算世上的人都来嘲笑我，我也一定要得到胡地与中山国。具有英雄气魄的赵武灵王身体力行，改穿胡服。在持不同意见的人中，还有一个比较难缠的，就是他的叔叔公子成。但在赵武灵王动之以情、晓之以理的劝说下，胡服骑射最终得以成功推行。

在胡服骑射后，还有一位赵国的将军为长城内外局势的稳定做出了贡献，他就是李牧。李牧长期驻扎在雁门，防范北方匈奴人的进攻。不过，因为李牧总是以防守为主，不怎么出战，这让匈奴人，甚至赵国的士兵都误认为主帅胆小无能。因此，李牧被换了回来。可是，当新的将军来到边境后，他虽然每次都和匈奴交战，却是屡战屡败。无奈之下，赵王又换回李牧。李牧依然采取之前的战略，以守代攻，不过边境的和平却因此有了保证。偶尔的诱敌深入，还能让赵军获得大胜。

李牧威名远播，匈奴人不敢轻易来犯。北疆的和平使得赵国有更多的精力与秦国对抗。后来，李牧又在抗秦的战争中屡立战功；遗憾的是，秦国使用反间计除掉了李牧。不久，秦将王翦领兵攻占赵都邯郸，赵国就此灭亡。不过，赵国的长城被保留下来，被后来的秦始皇加以利用，继续防御着北方游牧民族。

“以书为御者，不尽于马之情；以古制今者，不达于事之变。”用书本上的死知识来驾驭马匹，不一定得其要领；用古代的陈规来处理今天的事务，也不一定适应变化。这句谚语，是赵武灵王力图改革的信心所在。不懂得变通，固守传统，自然难以适应时代的变化，最终也会面临失败的结局。

游牧民族和农耕民族因为生产方式不同，造就了适应各自生产的生活方式；服饰自然是外在表现的一个方面，更深层的还有制度和礼仪等。赵武灵王在两千多年前做出的正确选择，在今天看来依然有着现实意义。通过胡服骑射，训练了善于打仗的军队，对保卫赵国起到重要作用。不同文明之间需要相互借鉴，才能不断地向前发展。

二、秦始皇与蒙恬

在秦始皇的历史功绩中，修筑万里长城一定是举足轻重的那个。在战国末年群雄并起的大时代，秦始皇最终靠武力完成大一统，建立起第一个幅员辽阔的中央王朝。

为了大秦帝国的长治久安，面对诸侯国早年间修筑的长城，秦始皇并没有采取简单粗暴的处理办法，而是按照实际需求，或拆或修。对那些以前诸侯国之间相互防卫的长城，自然是以拆除为主；去掉这些人为的屏障，也方便了不同地区人们的交流。由于北方游牧民族仍时刻威胁着他的统治，所以帝国疆界上的长城，被保留下来，并进行大规模的修缮和连接；在连接不到的地方，便新建长城。这样，原来从属于秦国、赵国和燕国的北方长城，又肩负起更为重要的功能和使命，即保护秦帝国的北疆。

北方匈奴人在相当长的历史时期内对中原王朝构成强大威胁，长城也成为游牧和农耕两种生产生活方式的分界线。当然，在这种人为的隔断背后，也有着自然气候的现实制约；不同的降水量直接影响不同的植被，并进而影响农作物的生长。

据史书记载，这条真正长达万里的长城，西起陇西郡的临洮[①]，东到辽东郡[②]，成为后代王朝与北方游牧民族周旋的重要屏障。修修补补、战战和和，这项浩大工程的修建并不是一蹴而就的，也不是一帆风顺的。“胡人不敢南下而牧马，士不敢弯弓而报怨”这两句体现了修筑长城的理想目标。在秦代，能实现这一理想目标，依靠的是强大的武装军队；使匈奴大军后退 700 里的，正是筑长城、守边塞的蒙恬大将军。

---

①今甘肃省岷县。

②今辽宁省一带。

司马迁的《史记》里记载了蒙恬家族的基本情况。他的祖上是齐国人，出身名将世家，祖父蒙骜、父亲蒙武，都是秦国的大将军。秦始皇二十六年（公元前221年），蒙恬被封为将军，他的弟弟蒙毅也官拜上卿。蒙氏兄弟二人，一文一武，都深受秦始皇喜爱，并被委以重任。

秦始皇命令蒙恬监修长城，征用了大量的民夫。

秦始皇时期的长城修筑，大体分为两个阶段。在帝国建立之初，第一个阶段的主要工作是维修战国长城，让它仍然能抵挡匈奴人的进攻；参与劳动的是蒙恬将军率领的士兵，以及从长城周边郡县征召的民夫。

第二个阶段，蒙恬已经收复了战国时被匈奴掠取的一些土地，秦帝国边界线也向北移动了不少，这些地方都没有长城作为保护。于是，需要修建新的长城与旧长城衔接，只靠士兵和周边民夫修筑是难以完成的，大规模地征召更多的人力在所难免。一些罪犯甚至都被拉来做工，因此还出现了一种专门修筑长城的刑罚，称为“城旦”。据说，很多儒生因焚书令而被处“城旦”，脸上还被刺了字。

一共有多少人参与了秦始皇时期长城的修筑呢？没有准确的数字，虽然史书上大略记载了蒙恬率军 30 万，而从地方征召的劳工不计其数。后来的孟姜女传说就反映了千千万万普通人对修筑长城之苦的不满。

我们再说说蒙恬的结局。秦始皇焚书坑儒的政策遭到他的长子扶苏的反对，他劝诫父亲不要这样对待儒生，可这却惹怒了秦始皇。他将扶苏派往北方边境的上郡，给蒙恬当监军，一起修筑长城。

没过几年，秦始皇外出巡游前往东海，半路染上重病，到河北沙丘时就去世了。侍奉皇帝的丞相李斯和中车令赵高秘不发丧，将幼子胡亥立为太子；然后发诏书到长城脚下，细数扶苏的罪状，并赐死。这段秦亡的历史我们大概都有所了解。扶苏是个听话的人，接到诏书就要寻短见，但身旁的蒙恬立刻阻止了他，怀疑是有人从中作梗，让扶苏去问个明白。可是，老实人扶苏还是谨遵父命，不听劝告，自杀了。现在的陕西省绥德县疏属山还有扶苏墓。蒙恬将军因为没有听命，也被囚禁在阳周。后来，赵高密谋铲除了蒙恬、蒙毅两兄弟。蒙恬的墓也在陕西绥德。

在司马迁的《史记·蒙恬列传》里，有这样的描述——蒙恬吞药自杀前感叹道，自己究竟做了什么错事得罪上天，才有如此下场？良久，他又慢慢说道：“我可能是犯了应该受死的重罪，我修了长城，挖了沟渠万余里，可能是挖断地脉了吧。这就是我的过错。”司马迁认为，蒙恬的过错并不是挖断什么地脉，而是没有及时劝诫秦始皇，非要劳民伤财地修筑长城。关心民生问题，才是战乱统一后首先要顾及的事情。这是司马迁这位史学家经过沿途实地考察得出的结论。

关于蒙恬，传说他是毛笔的发明者。中国发现最早的文字是甲骨文，主要是用刀刻的；后来竹简上的文字是用竹签蘸墨而写，都很麻烦。据说，蒙恬无意间用兔毛和竹管做出毛笔，为写字提供了极大的便利。

一次，蒙恬外出打猎归来，看到兔子的尾巴在地上拖出一道长长的血迹，就想到，是不是可以用兔毛写字呢？说做就做，他把兔毛拔下一些插到竹管里，蘸上墨水做成写字的笔，不过效果并不理想，因为兔毛很硬又不吸墨。蒙恬随手将这支笔丢掉。第二天，蒙恬无意中又发现昨天的那支笔，其毛变软了，蓬松了许多。他顺手拾起来，又蘸墨写字，发现非常好用。原来，昨天蒙恬将笔正巧扔到了偏碱性的水坑中，泡了一夜，起了化学变化。不过，后来的考古发现推翻了蒙恬制笔的传说，因为在战国的墓葬里，就已经有了毛笔，只是民间依然把蒙恬奉为制笔业的祖师爷。

距秦始皇的时代已经过去两千多年，那时的长城大多已经不复存在；保存到现在最好的一段，是小佘太秦长城遗址。它位于内蒙古自治区巴彦淖尔市乌拉特前旗，地处阴山山脉。那里的长城是用石块堆砌的，每隔千米左右就有一座烽火台。“秦时明月汉时关”，或许去到那里你念到这句诗时会有不一样的感觉。

三、张骞的足迹

汉朝是历史上修筑长城长度最长的朝代，长城在秦长城的基础上又有了进一步扩展。这固然与守卫北疆、抵御匈奴有关，但客观上它也保证了“丝绸之路”的畅通和安全。长城的修筑对于西部的开发至关重要，同时也扩大了国家的版图。汉朝时还建立了西域都护府，设置了武威郡、张掖郡、酒泉郡、敦煌郡等河西四郡。

现在我们所说的“丝绸之路”，最早出自德国地理学家和地质学家李希霍芬在19世纪末到中国西部考察后撰写的报告，指的是从中国古代的长安城来往中亚的路线。这条长长的道路通过中亚，又可以到达西亚、欧洲、南亚和北非，贯通欧亚大陆，促进了商贸的往来和文化的交流。今天，我们国家倡议的“一带一路”就是“丝绸之路经济带”和“21世纪海上丝绸之路”的简称，它延续了千百年来的文化使命。

与丝绸之路相关的核心人物自然是汉武帝时的张骞，史书上讲他是“凿空”西域，历程十分艰辛。西汉初期，因为连年战争，国家实力尚未提升，政权也不够稳定。此时，匈奴的首领冒顿单于，趁机不断扩张，占领不少原属于秦朝的土地。汉高祖刘邦率军反击，捍卫领土，但兵力有限，被围困于白登。此后，汉朝只能先采取和亲的政策，却无法一劳永逸地摆脱匈奴人，战乱依然不时发生。之后的一段时间，汉军利用秦时长城，继续传递烽火，勉强维持着稳定的局面。到了汉武帝时期，汉朝的政权基本稳固下来，封建统治也得到进一步巩固和加强。

腾出手的汉武帝先后派出李广、程不识、卫青、霍去病等名将统兵出征，这几位将军在历史的功劳簿上都留下了赫赫威名。除了直接在河西之战、漠北之战对敌取胜，他们还积极修筑防御工事，特别是修缮秦朝留下的长城，将夺回的土地牢牢控制在汉朝的疆域之中。

此外，他们还在秦长城的基础上新修长城，也就是河西长城，沿着黄河岸一路向西出了玉门关，到达今天新疆罗布泊地区。汉武帝的政策是“移民

设郡，筑塞布防”，这里的“塞”就是长城。在这段新屏障的基础上，长城布防工程体系也不断完善，极大巩固了帝国的西部边疆；汉朝将匈奴人逐步远远地推到大漠深处，终于实现“漠南无王庭”的边防理想。

在不断地用武力打退匈奴的过程中，汉武帝也一直没有放弃通过外交联盟的手段挤压匈奴的活动空间，只是缺乏合适的机会。匈奴人始终徘徊在汉朝西北边境外，这也阻断了汉朝与外界的沟通交流，以至于他们对外面的广阔世界所知甚少。那些同样受到匈奴骚扰、劫掠的民族长什么样子、说什么语言、过着什么样的生活呢？他们会不会也需要盟友来一起击败匈奴人呢？为了突破匈奴人的封锁，汉武帝决定派出一支信使队伍去寻找这些远方的西域民族，并希望取得他们的信任，联合起来对抗匈奴人。

于是，汉武帝建元三年（公元前 138 年），张骞率队出发了。随行者有 100 多人，携带着大汉的一些珍宝财物。其中最重要的随从有既是翻译又是向导和保镖的胡人堂邑父（甘父）。他们的直接目标是寻找大月氏——一个同样受匈奴困扰的国家，但实际上这更是一场探险之旅，沿途充满了挑战。

大月氏在被匈奴打败后，已经西迁到中亚地区，而张骞他们对此还不知情，只是一路向西。不久，小心行事的他们还是被匈奴军队拦截并扣留，匈奴人让张骞娶妻生子，忘掉使命，安心留下来生活。可是，张骞从出发那一刻起就坚定了不达目的不罢休的信念，他始终没有忘记汉武帝的嘱托。十年过去，等到有机会逃脱后，他带着剩下的队伍继续西行。最终，不畏险阻的大汉使团，勇敢地闯过人迹罕至的沙漠地带，又在大宛王和康居王等的帮助下，来到大月氏所在的地区，即今天的阿富汗北部。可惜，彼时的大月氏已经在新的家园慢慢过上稳定的生活，从游牧转为农耕，便谢绝了汉朝皇帝联盟抗匈的提议。张骞一行只能无功而返。

返程也并不顺利。为了躲避匈奴军队，他们没有走原路，而是在翻越帕米尔高原后，沿着塔里木盆地南缘、昆仑山的北麓低调前进。只是匈奴人当时的势力实在太大，东躲西藏的他们还是被发现并扣押。又过了一年多，直到汉武帝元朔三年（公元前126年），匈奴发生了内乱，他们一行人才再次逃出魔爪，历经艰险，终于回到阔别十三年之久的大汉长安城。此时，出发时庞大的使团队伍仅剩下他和向导了。

尽管没有完成联合大月氏抗匈的使命，但这一趟冒险旅程，却极大地开阔了张骞的眼界。他

了解到西域各民族的一些地理情况和人文风俗，这些见闻也让汉武帝十分感兴趣。元朔六年（公元前 123 年），张骞被封为“博望侯”。

后来，在汉武帝元狩四年（公元前 119 年），张骞奉命再次率队出使西域，这一年也发生了具有决定性意义的漠北之战。和二十年前不同的是，汉朝在对匈奴的战争中已经由劣势转为优势，西行的路途不再像第一次那样艰辛。

张骞带着包括丝绸在内的各种中原礼物，和西域诸国建立起商贸和文化上的联系。此外，张骞还派遣了一些使者前往更远的国度加强联络，寻找盟友。不久，西域诸国也派遣使节前往汉朝。汉武帝元鼎二年（公元前 115 年），张骞胜利回到长安。这样一来一往，联通中原和西域，最远通向欧洲的道路交通就逐步形成了。两次出使，前后共二十四年，作为开拓者的张骞功不可没。

这种不同文明之间的交流互鉴慢慢形成不可阻挡之势，直到今天。

长城的历史是从防御开始的，但防御并不是它的全部功能。我们还可以看到，长城创造了和平的环境，让长城内外的商人和百姓能够安居乐业，保证了丝绸之路的畅通。沿途的长城关隘也形成了商贸集市，统治者屯田戍边等一些政策更开启了治理边疆的新思路，促进了政治、经济、文化等多方面的发展。

四、蓟镇总兵戚继光

明代，在长城沿线设立了九边，也就是九段防守边界，每边都有总兵来镇守；为了加强对京畿要地的保护，还增设了两镇，加起来就是常说的“九边十一镇”；从东到西分别是辽东镇、蓟镇、昌镇、真保镇、宣化镇、大同镇、太原镇、延绥镇、宁夏镇、固原镇、甘肃镇。

很多人都知道戚继光在东南沿海抗击倭寇的故事，也听说过他留下的著名的兵书《纪效新书》《练兵实纪》，可是他和长城的故事却鲜为人知。

明朝的北方在一段时期内并不稳定，退居到大漠的蒙古人和残余势力总是想方设法对抗明朝，企图卷土重来，这也导致双方的贸易往来时断时续。在戚继光生活的嘉靖年间，北方蒙古的俺答汗成为首领，他向明朝称臣纳贡，并要求扩大贸易范围。但公元 1449 年的“土木之变”让明朝惊魂未定，他们还心有余悸，便一口回绝了俺答汗的要求。这下可惹怒了俺答汗。以前凡遇到明朝的商贸供给不够的时候，他都要劫掠一番；如今明朝的断然拒绝，引发的自然是一场难以避免的战争，那一年是嘉靖二十九年，即公元 1550 年，庚戌年，史称“庚戌之变”。

俺答汗率领军队大举南下，他们面对的是经历百年无战事的虚弱的明朝北疆驻防军。蒙古人从金山岭长城附近几乎不费力地一直攻打到首都北京。结果是，蒙古人逼迫明朝皇帝就范，任由他们自由劫掠，满足贡市的各项要求。“贡”，就是进贡、纳贡。贡市就是和外族的商人在划定的地方进行贸易。但是在这件事情平息之后，明朝君臣深感危机并未完全解除，还是需要强有力的军队，特别是得力的主帅来控制北疆的局面，保护好京师重地。

时间来到了明穆宗隆庆元年（公元 1567 年），有人上书皇帝，建议把三位著名的将军从南方调到北方去帮助训练军队，以对抗虎视眈眈的蒙古骑兵。这三个人就是大名鼎鼎的两广总督谭纶、福建总兵戚继光和广西总兵俞大猷。当然，朝廷经过慎重考虑，认为全部调回

北方并不是最佳选择，不能因此而使南方沿海防卫变得空虚薄弱。毕竟，抗倭有功的戚继光等人也是当地防卫倚重的核心干将。

于是，朝廷先调来谭纶。但由于北方军士在训练中积弊已深，需要外来的将军进行大刀阔斧的改革和强化，而谭纶未能胜任。于是，明穆宗不得不让戚继光火速进京任职。名将戚继光离开了守卫十余载的东南沿海，开启了新的征战生涯，这对他来说也是极富挑战性的，那时他刚满四十岁。虽然戚继光没有与蒙古兵作战的经历，但他对于蓟州的地理地貌并不陌生；因为他有在蓟州奉调驻守五年的经历，这对于他在后面取得煊赫战功至关重要。

最初，戚继光并没有被安排到前线驻防和作战，而是在神机营担任副将，主要工作是掌管当时先进的火器设备、训练士兵。不过，他更希望能培养善打硬仗的实战军队，就像当初在南方抗倭时一样。

实干家出身的戚继光并不满足于后方的工作，他时时刻刻做好投入新战斗的准备。在和朋友谈到蒙古鞑靼人的特点时，戚继光认为他们与倭寇之间有不少区别，他们的骑兵可以随时随地形成集团兵力来攻击敌人，和那些凭借风势乘船而来的倭寇有着根本不同。有了这些细致深入的思考，大家都相信戚继光一定会在北疆的驻守中再立新功。

隆庆三年（公元 1569 年），戚继光被任命为蓟镇总兵，这一干就是十四年。他先是调动一部分南方的老兵北上，让南、北方军队混在一起，以便树立“戚家军”的品格纪律。他更是身先士卒、以身作则。精锐部队就这样慢慢练成，原来散漫的风气也在不断改变，以老带新的训练方式起到了重要作用。

训练备战是一方面，修筑长城、筑牢根基是另一方面。虽然有了强大的军队，但面对神出鬼没的鞑靼人，盲目远征并不是好办法，以守代攻的战术是十分有效的。明代因为现实的需求，又开始大规模修筑长城，我们今天看到的很多长城遗址大都是明代的遗存。

这里，我们必须着重说一下戚继光在长城建设中的突出贡献，即发明了“空心敌台”；因此，他也称得上是一位卓越的军事工程家。戚继光驻守的防线，东起山海关，西到居庸关，因为有着捍卫京师的特殊使命，其重要性不言而喻。当时，戚继光的弟弟戚继美也带领山东左营的将士在金山岭修筑长城。

面对快速机动的游牧军团，单纯地筑边墙肯定是不够的；而以往的实心敌台也存在不少问题，比如在实战中守城士兵缺少隐蔽设施，军用物资没有存放之处，等等。于是，戚继光想到，应该设计一种空心的敌台包裹住单薄的边墙。敌台里面设有三层，既可储存物资，也可供士兵休息，同时敌台上四面的箭窗可以打开，以便于瞭望、查看敌情、躲避箭弩，士兵还可以从最上面的垛口处攻击。古时候，这种没有顶盖的用于攻守和瞭望的军事平台，被称为楼橹。敌台底部的宽敞空间还可以存放火炮一类重武器。此外，为了敌台之间联络方便，戚继光还想办法缩短间隔的距离。这样一来，一旦发现敌情，火力就能马上集中，信息传递也更加快速。

这段被称为万里长城精华所在的蓟州北部长城，最早是在明朝初年由徐达维护和修建的；但真正大规模加固，是隆庆到万历年间在戚继光的主持下完成的。其中，金山岭长城一段最有名，障墙、文字砖和挡马石，人称“三绝”。障墙和挡马石的修建是戚继光总结实战经验的成果，这既有利于明军的防守，又能有效阻碍、延缓蒙古军队的进攻速度。长城墙砖上至今仍清晰可辨的“万历六年振武右营造”“万历五年宁夏营造”的字样，留下的是当时监造城砖的部队的番号。这样一来，制造者的名字便永久留在上面，是责任的落实和质量的保证；也避免了粗制滥造，一旦出现质量不合格的情况，很快就可以找到失责的人。

抚今忆昔，固若金汤的万里长城就是在不断完善的制度和建筑工艺下，一砖一砖、一石一石砌成的。也是因为有像戚继光这样的卓越军事家和不计其数的没有留下姓名的普通士卒、工匠的共同努力，才保证了长城内外的和平稳定。

第三编

长城典故

一、烽火戏诸侯

在有关长城的诸多故事中，有一个不得不说的，那就是“烽火戏诸侯”。这个故事发生在西周末年，故事的主角是周幽王。

西周社会发展到周宣王的时候，社会矛盾极为尖锐，政局也不稳定。这时候又赶上天下大旱，民不聊生。周宣王的儿子周幽王是一个典型的昏君，他听信谗言，信任奸臣虢石父，荒淫无度，不断压榨老百姓。曾有一位叫褒珦的诸侯，他是褒国的君主，力谏周幽王改革朝政，可是周幽王反而将他囚禁。

褒珦的儿子为了救回父亲，把收养的一名弃婴褒姒，献给周幽王。褒姒长得倾国倾城，见到美女的周幽王欣喜若狂，越发不理政事；但是有一个问题总是困扰着他，那就是褒姒不爱笑。周幽王想尽办法希望能博得美人一笑，可是始终不得要领。无奈之下，周幽王重金悬赏可以让褒姒一笑的好办法。

一次，周幽王带着褒姒来到都城镐京附近的骊山。这里有一段长城，每隔数里就有一座烽火台，是为了防备北方犬戎入侵而建造的。兵士一旦发现敌情就点燃烽火，这样不断地传递并向诸侯们发出信号。诸侯接到警报，会马上出兵来到镐京救驾。长城烽火台最初的重要军事功能就在于此。

虢石父建议周幽王传令点起烽火，把诸侯招

来，见到如此壮观的大阵势，褒姒或许会一笑。昏庸的周幽王竟然同意了这个荒谬的想法。果然，诸侯们急匆匆地从各地赶来。只是，大家来到骊山，并没有发现战事，纳闷之际，周幽王站在城墙上不以为意地告诉诸侯们，根本就没有犬戎进犯，开个玩笑而已，他们可以回家了。

美人褒姒看到千军万马来去匆匆，诸侯们一个个一头雾水，终于忍不住笑了。周幽王十分开心，重赏了虢石父。不过，诸侯们发觉被戏弄后，很生气。之后，周幽王为了博美人一笑，重复了几次这样的做法。然而，来的诸侯已经越来越少，周幽王不知道真正的危险已经逼近。

褒姒给周幽王生了一个儿子，取名伯服。周幽王为了让褒姒开心，竟然违背祖宗礼法，废除了原来的王后和太子，也就是申氏和宜臼。就这样，褒姒成了王后，伯服成了太子。

申王后带着儿子回到娘家。作为申王后的父亲，申侯怒气冲冲，谋划出兵造反。在公元前 772 年，他联合犬戎起兵。这一次镐京真的有了危险。遗憾的是，周幽王多次戏耍诸侯，使烽火台在关键时候失去了效力。诸侯们已经不会再去充当博美人一笑的道具了。周幽王自食恶果，京城仅有的军队，根本抵挡不住犬戎的大举进攻。就这样，周幽王战败，西周也宣告终结，只留下“烽火戏诸侯”的典故来警示后人。

被废掉的太子宜臼在诸侯的拥立下即位，这就是周平王。原来的都城镐京因为这场战乱，已经无法居住了，随着都城迁到东边的洛邑，东周列国时代开启。从东周开始，周朝不断走向衰落，周天子的地位也慢慢降低，直至名存实亡。尽管东周的历史延续了五百余年，但对于那个时代，我们更熟悉的称呼是春秋战国。夏朝的妹喜，商朝的妲己，周朝的褒姒……亡国之君的故事总在不断上演。

实际上，即便司马迁的《史记·周本纪》中有记载，但这个西周版“狼来了”的故事历史上似乎并没有真实发生过。目前考古发现证实，最早的烽燧起源于西汉时期，是为了抵抗匈奴人而发明的，白天放烟、夜晚点火来传递报警信号。白天放烟，数公里外都可以看见；夜晚点火最为明显。夜晚举火叫作烽，白天放烟叫作燧，因而得名烽燧。燃放烽燧的地方就叫烽火台或者烽堠、烟墩、狼烟台等。也就是说，在周幽王时可能压根儿还没有烽燧制度。而近来出土的一些文献，比如清华简等，在记录这段历史时也没有这个情节。即便其他一些古籍都有周幽王宠幸褒姒的记录，但并非都有烽火戏诸侯的内容。

另外，在关中一带，考古工作者也没有发现

长城的遗迹。也就是说，那个时期应该还没有作为防御工事的类似长城的建筑出现，即便有零星的烽火台，也没有连接的城墙，实际上不能真正抵御游牧民族。

当然，通过这个故事，我们还是大体了解了长城修筑烽火台的意义。在冷兵器时代，这是极为迅捷的传递敌情的方式，几乎贯穿整个长城发展史。由于游牧民族擅长骑兵游击战术，所以光在一个地方驻防是远远不够的；可是兵力有限，若是全部平均分配，自然无法成功抵御强敌。因此，在发现敌情的时候，快速集合更多有生力量，集聚优势兵力是最好的应敌办法。

烽火台的基本造型是一个高高的台子，上面有瞭望用的屋子和燃放烟火的各种设备和原料，下面是轮换守卫的士兵居住的地方。在汉代，一个烽火台的驻扎人数，少则五六人，多则十来人，并且分工明确，会视敌人的多寡发出不同类型的信号报警。这一整套烽燧制度能让士兵针对敌情快速地做出正确的反应，成为长城防御体系中最基础的一环，贻误军情也有着相应的处罚。到了明代，随着科技的发展，还增加了放炮发射信号，即在引火物中加入硫黄等助燃物质。

由于使命不同，烽火台的位置也不同，有的用于瞭望敌情，就修在长城内外两侧；有的要及时将紧要情报直接汇报给皇帝，就修在通往都城的直道上。同样，中央的指令也会沿着相反的路线传到前线。在没有电话的年代，这是相当快捷的信号传递方式。

二、《孟姜女哭长城》

在有关长城的故事中，《孟姜女哭长城》的传说一定是流传最广、最为大众熟悉的那个，它也是中国四大民间传说之一，其他三个是《牛郎织女》《白蛇传》《梁山伯与祝英台》。今天我们知晓孟姜女传说的途径，可能早已不限于听说，而更多是通过阅读书籍以及观看影视作品。其实，在过去，孟姜女传说的传播方式也不仅局限于口头文学，民歌小调、地方戏曲、曲艺、民间美术等艺术形式也让大众熟悉了这位性格鲜明的具有反抗精神的古代女性。

“哭倒长城”恐怕是孟姜女传说中最为重要的一个情节，它强烈地反映出普通民众在暴政下的真实情感。如果真要从文献中寻找孟姜女“前身”的蛛丝马迹，那么另一个名字——“杞梁妻”自然是不能绕过的。在录音设备发明之前，我们追溯口头文学只能依靠书面记录。

早在一百年前，著名历史学家、民俗学家顾颉刚先生就已经对孟姜女传说的演变轨迹做过深

入细致的研究。孟姜女的原型就是春秋战国时期的史书《左传》中记载的杞梁妻。

最初的故事发生在鲁襄公二十三年（公元前550年）。当时，齐庄公攻打莒国，杞梁是先锋，可惜不幸战死。齐庄公归来时，在郊外遇见杞梁的妻子，便向她吊唁。可是，杞梁的妻子觉得郊外吊唁是不合当时礼法的，所以拒绝了。从这段记载中，我们大致可知的仅仅是杞梁妻是个谨守礼法的妇女。那时候，这个故事和长城没有任何关系。

不过，两百年后《礼记·檀弓》中出现了一个近乎相同的故事，这时候增加了杞梁妻悲伤哭泣的表述。从这里开始，杞梁妻身上的悲剧色彩渐渐突显出来，但依然没有长城的内容。直到西汉后期的一些文献中，才提到杞梁妻哭夫于城，城为之崩。这样一来，故事的内容就贴近了我们现在知道的孟姜女传说。可问题是，杞梁妻哭崩的城到底在哪里，究竟是不是长城？

时间到了唐代，僧人贯休在题为《杞梁妻》的诗中，把杞梁妻的名字和孟姜女的故事融合了。他的诗并不难理解。“秦之无道兮四海枯，筑长城兮遮北胡。筑人筑土一万里，杞梁贞妇啼呜呜。上无父兮中无夫，下无子兮孤复孤。一号城崩寒色苦，再号杞梁骨出土。疲魂饥魄相逐归，陌上少年莫相非。”在这首诗里，故事的内容发生了几个重要的变化。首先，时间从春秋变为秦；其次，杞梁是因修筑长城而死，并非战死；最后，杞梁妻哭得感天动地，导致了城崩现出丈夫的骸骨。这是之前文学作品中没有的。

就这样，几经演变，孟姜女传说发展成我们现在熟悉的模样，沿着追捕、逃走、花园遇见、临婚被捕、辞家送衣、哭倒长城的情节，逐渐添

枝加叶，丰满起来。虽然史籍中的杞梁妻的故事难辨真伪，但孟姜女传说所承载的普通百姓的历史记忆与情感诉求却是真切的。而且，在口头传统的演述中，孟姜女这个虚构人物也慢慢有了更为完整的生命。

与书面上断片的记录不同，口头流传的传说按照自己的规律蓬勃生长。比如为孟姜女补充了出生情节。

从前，有两户邻居，一家姓孟，一家姓姜，他们平时关系很好。有一年，孟家在自己的院子里种下一颗葫芦籽，可葫芦藤爬着爬着就长到姜家的院子里，并且结出一个大葫芦。姜家人想把葫芦还回去，因为种子是孟家的。可孟家人认为，既然葫芦结在姜家，还是应该归姜家所有。于是两家人谦让一番。最后，他们想到一个折中的办法，将葫芦剖开，一家一半。令人惊讶的是，这

葫芦里竟然出来一个“葫芦娃”，她就是孟姜女。如果你看过动画片《葫芦兄弟》，或许也不会感到意外。其实，“葫芦”具有丰富的寓意，在许多民族的起源神话中都有葫芦“生人”的内容。

有了开头，自然还要有个结尾。孟姜女哭倒长城后，很快惊动秦始皇。在官兵的追拿之下，孟姜女东躲西藏。这样的随机路线也给了地方传说很大的扩展空间，长城沿线的很多地名都与孟姜女有关，像“滴泪泉”“哭泉岭”，等等。

最后，秦始皇终于抓到孟姜女，见其貌美，就要娶她。孟姜女将计就计，假装答应，还要秦始皇祭祀她的丈夫，造坟造庙。最终，心愿达成后，孟姜女投向东海，让秦始皇白忙活一场，故事到此结束。

当然，这只是其中一个版本。因为口头讲述的特殊性，所以民间传说中有着大量的异文存在；

也就是同一个传说有不同的讲法，每一个都能自圆其说。又因为传说讲述需要围绕“传说核”，也就是具体的山川风物，所以各地的孟姜女传说也并不一定和我们上面讲的故事一样完整。

从全国范围看，孟姜女传说流传十分广泛，不只是长城沿线的北方，一些南方地区也有孟姜女的故事，并且融合了当地的风俗传统。仅《国家级非物质文化遗产代表性项目名录》中，“孟姜女传说”的申报地区就有河北秦皇岛、山东淄博、山东莒县、山东莱芜、湖南津市等地。

说到孟姜女的名字，《诗经》中也早有记载，如《郑风·有女同车》的“彼美孟姜，洵美且都”“彼美孟姜，德音不忘”，又如《鄘风·桑中》的“云谁之思？美孟姜矣”。这里的“孟姜”是齐国女子的代称，后来也泛指美女。最初没有名字只有身份的杞梁妻，在传说的演变中获得孟姜女这个

名字，这一称谓也从美女的通称转化为大家所共知的形象。

两千多年来，从杞梁妻到孟姜女，中间还有孟姿、孟仲姿的名字，历史与传说总是纠缠在一起，互相影响。而她的丈夫杞梁的名字，也演变为传说中的范喜良、万杞梁……即便细节上有着诸多差异，但稳定的“寻夫”与“哭城”仍作为核心情节被保留下来，流传至今。

《孟姜女哭长城》积淀在长城文化的历史长河中，是封建社会的宏大叙事中，被忽视的千千万万民夫家庭遭遇的真实写照。当然，除了历史记忆，在今天的讲述中，我们还看到了口头传说的艺术魅力与生生不息的传承动力。

三、昭君出塞

长城史上弥漫着战争的硝烟，但是也不乏文

化的交流和交融；而其中跨越这条农耕和游牧界线、维系和平的，还有一些为国和亲的伟大女性。王昭君就是其中最为著名的一个，并留下“昭君出塞”的美名和传说。

王昭君的名字大家都不陌生，有关她出塞和亲的故事也耳熟能详。她是西汉时期人，大约出生在公元前52年，老家在南郡秭归，也就是今天的湖北省宜昌市兴山县。据说昭君是她的字，她名嫱，乳名皓月。到了晋朝时，为了避司马昭的名讳，就把她称为明君或者明妃。

她与西施、貂蝉、杨玉环并称中国古代“四大美人”，落雁、沉鱼、闭月、羞花四个词汇就分别反映了她们的美。跟王昭君有关的是“落雁”。

传说昭君出塞时，正值秋高气爽，她告别中原前往北疆，心中尽是离别的愁绪。于是，她便弹奏了一首琵琶曲，曲调悠扬，又有些悲壮。

天空中南飞的大雁听到这样的乐曲，也被吸引住了；再看到演奏的女子貌美如花，竟然忘记扑棱翅膀，一时间像定住了似的，一只只从天上跌落下来。当然，这不过是对昭君出塞情境的一种渲染。

说起昭君的美貌，还要提到另一个重要人物，那就是宫廷画家毛延寿。据说，他妙笔生花，尤擅长画人物，他画的人物和真人一般，神采飞扬，想来是个写实派的画家。当时，汉元帝选秀，是先由毛延寿为秀女作画，然后再将这些画呈给皇帝，由皇帝亲自挑选。秀女们都知道这是十分重要的机会，可以改变自己的命运。因此，她们大多都想尽一切办法讨好画师，希望毛延寿能将自己画得好看一些，让皇帝喜欢。毛延寿自然也懂得她们的用意，就将那些行贿的秀女画得漂亮一些。

有一天，轮到王昭君来画像，毛延寿也被她的美貌震惊，觉得她像天上的仙女一般。他突然间不知道该从哪里下笔，似乎怎么画都无法在画纸上完美展现王昭君的仪态和神韵。王昭君没有像其他秀女那样，表现出讨好毛延寿的姿态。毛延寿暗示王昭君，可以将她画得更加美丽动人，甚至直接点明，想要突出自己，画像是很重要的。不过，王昭君和一般的女子不一样，面对这样直白的索贿，她并没有理会。

于是，就有了我们都知道的结果，毛延寿一气之下，把倾国倾城的王昭君画成丑陋的女子，这致使王昭君未得到汉元帝的关注。如果王昭君的故事就这样结束，那么我们能想到的结果就是她在深宫里孤独地度过漫长的余生。

碰巧此时，北方匈奴的呼韩邪单于前来和亲。单于就是匈奴部落首领，呼韩邪单于的名字叫稽

侯猸，他是虚闾权渠单于之子。汉朝和匈奴的战争持续了许多年。他为什么要来和亲呢？这还要从匈奴自身的发展说起。

当时，匈奴在北方草原上有几支不同的力量，呼韩邪单于只是其中一支的首领，领地靠近汉朝的疆域。呼韩邪单于颇有雄心壮志，他一心想要吞并别的部落，成为草原唯一的霸主。他虽然实力强大，但是也不得不提防其他部落联合起来发动攻击。另外，如果南边的汉朝再趁乱攻打他的话，那么他就会腹背受敌。于是，在反复权衡之后，他决定和汉朝订立盟约，保持和平状态。到后来，呼韩邪单于凭借武力，真的统一了整个草原。

和亲是当时汉朝和匈奴之间的一项政治行为，这种政治上的联姻也是形势所迫的结果，联姻的双方都以此来换取休养生息的短暂和平。此时汉朝的实力十分强大，而匈奴因为频繁战乱，需要调整、保存自己的实力。这与汉朝初期实力较弱时的和亲是不同的。在得知呼韩邪单于的来意后，汉元帝开始挑选去和亲的公主。他当然舍不得把真正的皇亲贵胄远嫁漠北草原；通常都是挑选一个宫女，赐予她公主的封号。

这次与呼韩邪单于和亲的任务落在了王昭君的身上，传说的原因各不相同，有说是因为画像上的样貌难看而选择她，也有说是王昭君自己站出来甘愿为国奉献的。不管怎样，王昭君最终踏上了出塞的道路，这次远离家乡的冒险也让她万古流芳。汉元帝目睹王昭君的美貌后，后悔不已，但已无法改变结果，只能把那个贪赃枉法的画师毛延寿给杀了。

到了匈奴之后，王昭君被封为宁胡阏氏，也就是单于的夫人。她从中原带去的不少礼物，促进了匈奴生产生活的发展，同时她也传播了中原的文化和礼仪。边境的和睦是长城内外人民都想看到的。

几年后，呼韩邪单于死了。按照匈奴收继婚的旧俗，王昭君将成为复株累单于，也就是呼韩邪单于儿子的妻子。这种收继婚是特殊社会制度下的遗存，因为当时是父权制，人们认为无论财物还是妇女都是某种资源，在父亲或者兄长去世后，会转给长子或兄弟继承，以免流落族外。不过，这种严重有悖汉族伦理纲常的风俗，是王昭君难以接受的，为此，她希望汉朝皇帝让她回归故土；可是，新登基的汉成帝拒绝了她，让她继续为和平牺牲自我。可怜的王昭君只得继续留在匈奴直到去世。

为了纪念她，草原上留下了“青冢”。昭君出塞这个动人的故事成为后来各类文艺作品演绎的重要素材，《汉书》中单薄的王昭君形象也逐渐丰满起来。湖北省兴山县申报的“王昭君传说”，被列入《第二批国家级非物质文化遗产代表性项目名录》。

四、杨家将传说

在历代讲述长城战事的民间传说中，杨家将传说流传十分广泛。北京、山西、天津等地申报的“杨家将传说”（“穆桂英传说”“杨家将说唱”“杨七郎墓传说”），已经先后被列入《国家级非物质文化遗产代表性项目名录》。一般认为，历史上的杨家将主要征战地在雁门关一带，那为什么在京津地区也留下许多传说呢？

其实，北方的游牧民族，先是辽，后是金，都在不同时期占领了部分中原地区；宋朝的北方边界已经远在长城以南了，长城已不在宋朝疆域之内。即便是杨家将生活的北宋年间，长城作为疆界屏障的情况也已经不复存在，北京以北属于辽国疆土，所以杨家将是不可能到那里去征战的。这些故事自然都来自民间传说。

大家对杨家将肯定都不陌生，包括著名的杨门女将，在评书、影视剧中都反复出现。据正史记载，杨令公叫杨业，民间也叫杨继业，是北宋名将，在对辽征战中屡立战功，契丹人称他“杨无敌”。“天下九关、雁门最险”，杨家将在这里大战辽国人兵，以少胜多。后来，杨业孤军作战，被困狼牙村。原来说要接应他的潘美——就是传说中的潘仁美——并没有来。最后，在陈家谷，杨业被俘，绝食而死。在演义的故事中，杨业的结局是：在金沙滩碰死于李陵碑下。

虽然杨家将的主战场不在现在的北京地区，但这里确实有庙无疑，而且辽宋和好期间，还保留着互通使节、多有拜谒的记录。最有名的拜访者是苏辙，就是苏东坡的弟弟。他写过一首《过杨无敌庙》：

行祠寂寞寄关门，野草犹知避血痕。
一败可怜非战罪，太刚嗟独畏人言。
驰驱本为中原用，尝享能令异域尊。
我欲比君周子隐，诛彤聊足慰忠魂。

《密云县志》中记载，明洪武年间，徐达重建令公祠，祀杨业。在明代，长城的防御功能又得到启用，而杨家将作为抗击北方游牧民族的英雄，出于激励戍边将士的目的，修缮庙宇也是有现实意义的。由此可见，当地人祭祀杨令公的历史相当悠久。

至于辽国境内为何会出现令公庙，人们猜测，或许是被杨家将英勇不屈的气节感动吧。据说，这座令公庙始建于北宋天圣三年（公元 1025 年），为辽圣宗耶律隆绪所建。在山西代县也有一座杨家祠堂。

杨家将人物众多，传说杨业有八个儿子，儿媳妇们都是巾帼英雄。他们的后代还有穆桂英的丈夫杨宗保、儿子杨文广等。杨门女将的代表人物佘太君、穆桂英，通过民间文艺被人们熟知，比如传统戏曲的经典剧目《四郎探母》《穆桂英挂帅》等。

在杨家将的故事中，关于杨六郎和杨七郎的故事最多，名气也最大。北京附近的许多景观和地名都与他们的传说有关。

传说宋辽交战时，杨六郎将箭射进山石中，那座山岭就是现在的“插箭岭”。他的战马从半空降落，落下的地方叫“走马驿”。杨六郎追敌时遇到一块有巨大缝隙的黑石挡路，他的战马不小心被夹住了马腿，拔不出来；杨六郎狠狠一夹马肚，大喝一声“倒！”，战马受惊，使劲儿一蹦，倒蹿了出来，掉头就往回飞跑；回到军营后，杨六郎才听说辽兵在前面准备伏击他，幸亏他的战马把他驮回来。人们传说是山神显灵夹住马腿，救了杨六郎，所以该关口称为“倒马关”，位于河北保定的唐县。

还有一首民谣唱道：“杨六郎，能耐大，提起名字番兵怕。一杆大枪一匹马，吓得韩昌不敢打。”当年，杨六郎镇守倒马关时，在重要道路上，埋下许多绊马索和铁蒺藜，让敌将韩昌的军队无法攻占关城，连连败退。杨六郎准备乘势追击，一举歼灭敌人。可是，追赶到一个地方，眼看敌军要逃走了，战马却怎么也不前进了，马蹄子一直在刨地，不一会儿出现了一眼泉水。马开始喝水，等喝饱了，才开始追敌，可敌人早已消失得无影无踪了。这个泉眼后来就叫作马刨泉，旁边的村子就叫马刨泉村。

韩昌眼看打不过杨六郎，就来求和。杨六郎

让他归还侵占的宋朝土地。韩昌耍了个小心思："都说杨六郎勇猛过人，那么请你从倒马关朝外面射出三箭，你的箭能射多远，我们就退后多远，让出这三箭之地。"实际上，他不愿归还占领的土地，认为杨六郎的三支箭根本射不了多远。杨六郎当然明白他的诡计。不过，他心里也是有谱的。于是他射出第一支箭，没想到一下就是六十里；再一箭，直接射到长城的北边。这下，韩昌慌了，只好退回长城外，还连连求饶，不让杨六郎再射第三箭了，并且发誓永不进犯中原。

杨家将中另一个名气比较大的是杨七郎，他名叫杨延嗣。金沙滩一战，杨家父子身陷重围，七郎为了寻找援兵，拼命突出重围，去潘仁美那里搬救兵。潘杨两家的故事，大家一定听说过。奸臣潘仁美自然不会施以援手，反而倒打一耙，把七郎抓住，要乱箭射死他。起初，箭怎么也射不中七郎，因为七郎本是天将。后来，在蒙上七郎双眼的情况下，七郎被万箭穿心而死……

奇怪的是，七郎的一条腿，竟然逆流而上，仍想着回营报信。岸边的渔翁认出七郎尸骨，赶紧拾起，将其葬在潮河边，并为他修坟立碑。这个小土丘修好后，越长越高，原来七郎还想着继续阻挡敌人的进攻呢。这座神奇的七郎坟，现在仍有遗迹，象征着杨家将的忠贞、勇敢。此外，当地还有杨家将帮助军队抗日、冯玉祥拜谒令公庙的传说，都成为长城文化的重要组成部分。

在北京周边，远离长城的地带，也发现不少和杨家将有关的地名。比如传说杨六郎驻军的地方现在叫“六郎庄”，佘太君因思念远在番邦的四郎而登高瞭望的地方现在叫“望儿山”，周围还有“东北旺（望）”和“西北旺（望）”，等等。借助民间文艺的强大力量，杨家将故事的影响力不断扩大，深深地融入地方文化。

第四编

长城精神

一、不到长城非好汉

八达岭长城脚下树立着一块石碑，上面刻着“不到长城非好汉”这句话，吸引着很多游客在此拍照打卡。“英雄好汉”是一定要来爬长城的，登长城确实也是一件需要体力的事情。你可能只知道这是毛泽东主席诗词中的一句，实际上这首词的写作背景和深刻内涵，和我们今天讲的长城精神息息相关。

毛主席的这首词写在红军长征期间。那是1935 年的秋天，长征途中的红军突破国民党反动派的层层封锁，来到了位于宁夏固原的六盘山。毛主席在登上六盘山，看到长征即将获得胜利的希望，便写下这首气势磅礴的诗篇。

《清平乐·六盘山》中清平乐是词牌名，六盘山是词名。

天高云淡，望断南飞雁。不到长城非好汉，屈指行程二万。六盘山上高峰，红旗漫卷西风。今日长缨在手，何时缚住苍龙？

词，又叫长短句，和每句字数相同的绝句、

律诗不同，词人要按照词牌所规定的每句的字数和平仄及押韵规则来填写，所以又叫填词。“清平乐”最早是唐朝教坊曲名，教坊是当时宫廷的音乐管理部门。“清平乐”这个词牌一共46字，上、下阕各四句。在毛主席的《清平乐·六盘山》中，上阕的“淡”“雁”“汉”“万”押仄声韵，下阕的“峰”“风”“龙”押平声韵。

“不到长城非好汉”，如今已经成为人们常用的俗语。每当遇到困难时，我们都会以此来给自己打气加油、激励斗志。毛主席在这里看到的长城，大概就是固原的战国秦长城遗址。不过也有不少人认为，词中的长城并非具体指哪段关口，而是代指长征的终点或者革命的目的地。虽然历经千辛万苦，但还是不能半途而废，俗话说，行百里者半九十，无论是长征还是革命都一定要到达终点，取得最后的胜利。“屈指行程二万”，

是毛主席慨叹长征已经走过两万多里了，更是体现出他作为革命家的豪情壮志和领袖风范。

长征在中国革命史上具有极为重要的意义。毛主席在胜利到达陕北后，深刻地指出：“长征是宣言书，长征是宣传队，长征是播种机。”在这样的征程中，在这样特殊的节点，“不到长城非好汉”，表现出一种舍我其谁的气魄。

在毛主席诗词中，还有一首也出现了“长城”意象，那就是《沁园春·雪》。

北国风光，千里冰封，万里雪飘。望长城内外，惟余莽莽；大河上下，顿失滔滔。山舞银蛇，原驰蜡象，欲与天公试比高。须晴日，看红装素裹，分外妖娆。

江山如此多娇，引无数英雄竞折腰。

惜秦皇汉武，略输文采；唐宗宋祖，稍逊风骚。一代天骄，成吉思汗，只识弯弓射大雕。俱往矣，数风流人物，还看今朝。

这首词同样与长征有关，它写于1936年2月。在长征胜利，初到陕北后，遇到大雪，毛主席有感而发，写下了这首名篇。长城内外祖国壮丽的河山，在银装素裹之后，给人以极大的视觉冲击。住在南方的小朋友一定要找机会去看看北方冬天的大雪，绝对会和你家乡的景色大为不同。

这里的“长城内外”和“大河上下”相对，都是概括指代祖国山河。长城作为中国的象征出现，长城内外都在中国版图之内，是属于中华民族的领土。

这一节我们简单解读了两首毛主席诗词，从中我们也可以发现，在近代民族危难之时，长城意象突显出的重要意义。

二、长城沿线的抗战

震惊中外的“九一八”事变之后，日本帝国主义先是迅速占领整个东北，接着又继续向华北地区侵略，首当其冲的就是长城防线。中国军民奋力抵抗，虽然没有阻挡住日本侵略者占领华北，但仍给日军以沉重的打击，击碎了他们妄想尽快占领中国的黄粱梦，让他们见识到中国军队和中国人民抵抗外来侵略的信心和决心。

抗战激发了中华民族空前的爱国热情。这种众志成城、抗日救亡的爱国热情，既是抗战取得胜利的有效保障，也是直到今天我们仍要铭记的长城精神的一个重要方面。长城是中华民族的脊梁，具有标志性的意义，这一点在民族生死存亡的紧要关头表现得特别突出。

当时，日军兵分几路在长城的冷口、喜峰口、古北口等处进攻，国民革命军奋力死守，涌现了许多可歌可泣的英雄故事。大大小小数百战，中国军人在弹药不足的情况下，用自己的血肉之躯抵挡了日军飞机大炮的狂轰滥炸，其中古北口抗战“七勇士”最具代表性。这不是虚构的故事，而是一段真实的历史。

1933 年 3 月 10 日，侵华日军向古北口发起攻击，驻守此地的国民革命军顽强抵抗。整整三天三夜，他们挡住了日军数轮猛烈进攻，给侵略者以重创。直到 3 月 12 日，由于后援队伍没有及时赶到，部队伤亡很大，不得不撤出古北口，向南天门转移。

国民革命军 17 军 25 师 145 团向一处高地派出一支由七人组成的侦查队伍，后来因为联络中断，这七个人接不到撤退的命令，一直坚守在原地。

他们虽然人数少，但因为占据有利的地势，日军想攻下并不容易。他们仅有一挺机关枪，子弹打光了，就用石头砸，最后和日军近身肉搏，击毙、击伤日军百余人，逼迫日军动用飞机大炮连番轰炸。最终，这七个人终因寡不敌众，全部壮烈牺牲。

长城沿线的抗战十分惨烈，铭刻在中华民族不屈不挠的斗争史上。古北口战役打响了北京抗战的第一枪，是长城抗战中规模最大、最为惨烈

的战役。战役结束后，当地百姓自发组织起来，把战士们的尸骨背运至古北口南门外掩埋，取名“古北口战役阵亡将士公墓”。1934 年，国民政府革命军事委员会北平分会为纪念牺牲的抗日将士立碑。现在，这里修建了古北口长城抗战纪念馆，也是爱国主义教育的重要基地，“七勇士”和其他抗日先烈保家卫国的民族精神是长城精神的重要展现。

说到抗战和长城的关系就不能不提到我们的国歌——《义勇军进行曲》，它最初是电影《风云儿女》的主题曲，由田汉作词，聂耳作曲。歌词“把我们的血肉，筑成我们新的长城！”激励了无数中华儿女，你是不是在每次升国旗、唱国歌的时候都会有热血沸腾的感觉？这首歌曲最终成为中华人民共和国国歌，2017 年，《中华人民共和国国歌法》正式实施。

田汉为什么要写这样一首歌呢？1935 年，面对国家生死存亡的时刻，田汉想写一部以抗日救亡为主题的电影剧本，就是后来的《风云儿女》。其讲述的是青年学生经历时局动荡不断成长，最终走向抗日道路的故事。

田汉将最初的歌词匆忙写在香烟盒锡纸的衬纸上，字迹也不清楚。不久，他被国民党反动派抓进监狱，夏衍接手后来的电影工作，聂耳主动承担作曲任务，并很快完成《义勇军进行曲》的谱曲。后来，在导演许幸之的建议下，又经过修改，歌曲节奏更加铿锵有力。开头的“起来！不愿做奴隶的人们”与结尾的“前进，前进，前进，进！”号召全国人民迈着铿锵有力的步伐冲锋向前、抗日到底。

电影上映后，激起广大青年高涨的抗日救国热情，他们唱着这首歌走向前线。歌词中的长城意象，更是在演唱中得到一次次升华。长城从历史走进现实，是唤醒爱国热情的巨大能量。现在，我们把保卫祖国的中国人民解放军称为“钢铁长城”，也是同样的意思。

除《义勇军进行曲》外，还有一首潘孑农作词、刘雪庵作曲的《长城谣》在抗战时期被广为传唱。这首歌写于1937年，原是准备作为电影《关山万里》的插曲。虽然这部电影由于上海的“八一三”事变最终没能完成，但是这首歌在《战歌》杂志上发表后，得到抗日宣传队的关注，逐渐流传开来。

万里长城万里长，长城外面是故乡。高粱肥大豆香，遍地黄金少灾殃。自从大难平地起，奸淫掳掠苦难当。苦难当奔他方，骨肉流散父母丧。没齿难忘仇

> 和恨，日夜只想回故乡。大家拼命打回去，哪怕倭奴逞豪强。万里长城万里长，长城外面是故乡。四万万同胞心一样，新的长城万里长。

歌词中讲到长城以外的东北地区被日军侵略后人们的不幸遭遇，唤起仁人志士的抗日热情。人们积极捐款捐物，支持抗战，保家卫国，这其中也包括不少旅居海外的同胞。因此，万里长城还包含着团结中华儿女的象征意义。

这些与长城有关的抗战故事和艺术作品都是我们回顾那段历史时不能遗忘的。无数爱国先烈用牺牲换来了我们今天的幸福生活，我们更要好好珍惜，厚植家国情怀，将这些英雄的故事世代传颂下去。

让我们再去找找与长城内外抗战有关的故事，

学唱与长城、抗战有关的歌曲，并把它们讲给、唱给自己的家人和朋友听！

三、长城内外是故乡

有人说，长城是一道高大的墙，将游牧民族和农耕民族粗暴地割裂开，两边的人因此不能往来；也有人说，长城不只是一道墙，墙的上面还有无数道门，这些门总是向热爱和平的人敞开，两边的人可以自由交流与贸易。小朋友，你认为长城是什么呢？

历史上的长城内外不知发生过多少次大大小小的战争，有许许多多的人为此付出生命的代价；但这些冲突并没有阻碍两边百姓的交往和交融，从“长城内外是故乡”这句话便可见一斑。不同时期的史书中都曾记载长城脚下街市繁盛的情形。如果我们设身处地地想象那里人的生活，我们会发现他们的文化是多元的，语言是多样的，连食品的种类也是异常丰富的。

我们曾经站在中原王朝的视角，总是认为北方游牧民族对我们只有频繁的骚扰和征战，但在战争与和平之间，双方文化的影响往往是相互的。我们说的长城，是包括战国、秦、汉、北魏、北齐、隋、唐、五代、宋、西夏、辽、金、明等诸多朝代和政权修筑的防御体系，这里有不少的统治者来自游牧民族。

美国的东方学者欧文·拉铁摩尔曾经在20世纪初考察过长城，写下了几本很有影响力的书，对长城的历史定位有他的独到见解。他对游牧和农耕两种不同的经济生产方式的关系做了一个阐述，认为其中自然环境是很重要的影响因子。我们现在看到的长城线路和“400毫米等降水量线”有着大致相同的走向。在地图上，将同一时间内降水量相同的各点连接起来的线，就称为等降水量线，而这条线也被称为农耕和游牧的分割线。也就是说，此线往南，降水更多，适合农业灌溉；往北，降水少，适合草原放牧。

长城两边的人在生产和生活资料上互有所需，修建那些城关隘口的目的就是保障长城南北交流的顺畅和安全。我们在看待历史的时候，常常既需要查看细节、推导因果的“显微镜”，又需要扩大视野、整体观照的“望远镜”，只有这样才能看到更深远、更全面的历史。

有学者考证，至少在宋代的地图上，就已经用“方折线”标记出长城的位置。这些看起来像长城垛口的符号，是地图上反映出来的少有的人工建筑。这一点不仅说明长城的宏大体量，也证明长城的重要地位，可见长城早已和中国的地理地貌融为一体。

长城的各类景观和周边区域共同形成特殊的长城文化带。我们今天建设长城国家文化公园也就是要保护和传承这样的历史文脉，让长城这个伟大的历史遗迹，不再只是冷冰冰的石墙文物；而是要让现代人在参观欣赏它的壮美景色的同时，也能体验、感悟到它带有的积淀两千多年的中华文化特质，即我们常说的长城精神。

有大量的民间传说记录着长城内外交流的故事。人们常讲“东有山海关，西有嘉峪关，中有镇北台”。前面已经讲过山海关和嘉峪关，这里就说说镇北台的传说。镇北台在陕西榆林的红山上，修建于明代万历年间，主要用于监视长城关口贸易贡市的情况。当时，明朝皇帝和蒙古人签署议和条约，稳定了长城两边的局势，这也与戚继光在北方的巨大震慑力有一定关系。

镇北台有“万里长城第一台”的称号。关于它的修建流传着这么一个传说。

榆林是明朝重要的“九边”之一，但是红山这段长城总是修好后就倒塌，经常需要重修，驻守的将军很生气。后来一位涂大人到这里负责守卫工作。面对长城以外蒙古人经常骚扰的紧迫形势，抓紧修筑长城是当务之急。可这里的墙总是倒塌，这是为什么呢？他百思不得其解。

一次，刚修好的长城又塌了。恰好有个边客[1]打扮的白胡子老人路过，老人给涂大人解释了墙经常倒塌的原因。

---

①当地对往返长城边关做生意的商人的称呼。

他说，红山这里，自古以来就是蒙古人和汉人做生意的地方，如果用长城来阻隔，就是挡住两个兄弟之间的交情，他们自然会产生怨气，所以修起来的墙就一定会塌。

听到这些话，涂大人沉默良久，然后问老人：“那应该怎么办呢？”老人讲道：“要想长城不倒，那就得继续让蒙汉自由地进行交流贸易。”涂大人解释说：“修长城不为别的，就是怕北方的蒙古人借着做生意的名义，来到长城内骚扰劫掠。不修恐怕是不行的。怎么做才能两全其美，保证正常的往来呢？”老人说：“可以在红山下面修筑一座小城，划定范围，让长城内外的人固定在这里做生意，不允许大家跑出这个区域就行。”涂大人又问：“那城里要是打起来怎么办？”老人说：“这好办。您可以在这段长城上修一座高台，上面安排驻兵。这些守城的人日夜瞭望，一旦山下的小城发生变故，就可以马上处理。”涂大人还要继续追问，但是老人一下就消失不见了。

于是，涂大人按照老人的意思，命士兵在城墙经常倒塌的地方修筑一座高台，叫作红山墩；在山下修了一座小方城，叫款贡城，供士兵驻扎，以及接待来往官员和接收贡品。

所谓“款”，就是通款，敌我双方通和言好。这样，正常的贸易往来就恢复了。

后来，在红山墩不远的地方又修了一座用于

交易的土城，叫易马城。在这座易马城里，北方的牧民赶着牛羊马驼前来交换，南方的农民也拿着布匹、绸缎、茶叶、烟酒等物资来买卖。士兵们站在红山墩上就能看到易马城的情形。后来，红山墩改叫镇北台。这处官府设立的市场，也成为长城内外边境贸易的历史见证。

四、走西口

在山西、陕西和内蒙古等地都流传着一首《走西口》民歌，讲述着“口内”的人们迫于生计而到“口外”谋生的故事。走西口，被称作中国近代史上五次人口大迁徙之一，另外四次是闯关东、下南洋、蹚古道、赴金山。其实，走西口并不只有一次，它从明代嘉靖年间开始断断续续，一直持续到 20 世纪 40 年代。

人们奔波到“口外”的原因有很多，自然灾害、庄稼歉收、战乱匪祸，等等。背井离乡是中国人不到万不得已不会做的事情，而这种观念和小农经济形成的伦理价值观有关，用一个成语叫“安土重迁”。这个词最早出现在东汉班固的《汉书》中，书中将它视为黎民百姓的本性所在。这种留恋故乡不愿轻易迁居的习惯在今天的很多地方还一直保留着。

著名社会学家费孝通先生有本书叫《乡土中国》，推荐小朋友去读一读，感受一下传统中国社会的乡土性。无论你生活在城市还是农村，都应该有一些乡土情结。费孝通先生将传统的中国社会关系称为“差序格局”，如果你不大理解，没关系，他用了一个非常恰当的比喻来解释。

当你把一块石子扔到池塘里时，水面上会以石子落下的地方为中心，泛起一圈又一圈的涟漪；这些波浪会慢慢地向外一层层扩散，越来越远。

人和人的关系也是这样，你和爸爸妈妈构成一个三角的亲子关系。再往外有兄弟姐妹、叔叔、姑姑、舅舅、姨妈、爷爷、奶奶、姥姥、姥爷，这些人都是你很近的亲属。再往外你还有一些远亲，有些可能你都叫不上名字，有些可能你们很少见面。再往外就是同族同乡的那些人，以此类推，关系会越来越远。

远离故土，为什么叫“走西口”呢？这里的“西口”，广义上说，就是长城的关口。“走西口”就是到关口外面的内蒙古地区去垦荒、经商。“西口”具体在哪里呢？它指的是河北张家口的西面，包括山西的杀虎口、陕西的府谷口、河北的独石口等处。也就是说，三个省的老百姓从各地出发远离家乡都可以统称为“走西口”。

其中，杀虎口位于山西省右玉县，自古就是雁北长城的重要关口，是人们往来中原必经之处。

杀虎口名字的来历，也和汉语的同音讹传有关。所谓同音讹传，就是发音相同、意思不同的字，传来传去被替换了。为什么叫杀虎口，当地流传着这样几种解释。

在远古时期，这一带是湖泊，有很大的湖面，里面尽是各种鱼虾。后来，这里出现了一个湖怪，据说蛇头龟身，把鱼虾都给吃了。

有一天，玉皇大帝请西王母来湖上游玩，正赶上湖怪兴风作浪。周围的百姓和小动物都祈求玉皇大帝想想办法，除掉妖怪。玉皇大帝很可怜这些生灵，就派雷公前去除妖。雷公施展法术，霎时间雷声滚滚，但是妖怪也很厉害，竟然逃进水里。雷公大发雷霆，连续对这

殺虎口

个湖泊打雷，直到把湖的北部炸出一个口子，就是今天杀虎口的位置。湖水都顺着这个豁口流了出去，妖怪也就没了藏身之处，最后被雷公除掉。

杀虎口的西山就叫雷劈山。右玉县的西门外还有雷公山，山上建了雷公庙，用来纪念雷公除害。这个被雷公劈开的口子，因为是杀湖怪的口子，慢慢叫成杀虎（湖）口。

另一个版本讲述了一个完全不一样的故事。

西汉的飞将军李广当年在这里当太守。有一次他出来巡逻，看见树林里卧着一只斑斓猛虎。他马上弯弓搭箭，射向老虎。李将军的箭法非常精准，眼看着老虎倒在草丛之中。可是，当他走近

一看，哪是什么老虎啊，原来是一块老虎形状的大石头，这支箭深深地扎进石头中。这样，此地就被叫作杀虎口。

这则传说是不是让你们想起一首唐诗？

林暗草惊风，将军夜引弓。
平明寻白羽，没在石棱中。

诗中所叙述的大概也是个类似的故事。

这些看似随意的故事，在民间传说中很常见。理解这类故事的关键，不在于这个故事的真实性，而是通过这些解释，把人们想要表达的观念与地名联系在一起。当然，这类故事一定要有神奇的情节，特别是和名人或著名事件关联上，这样不仅能让人记住这个地名，而且也会让当地的人产生强烈的家乡自豪感。

实际上，一般人认为，杀虎口原来真正的名字是杀胡口，在历史上那里是长城内外征战的重要沙场。到了清康熙年间，人们将胡人的“胡”字，改成老虎的“虎”字，为的是消除民族矛盾并沿用至今。

“走西口”和晋商有着紧密的联系。在“口外”的晋商铺中，最有名的当属“大盛魁”，它位于归化城，就是现在的内蒙古呼和浩特。大盛魁由王相卿、张杰和史大学三个人共同创办。他们原来都是清朝军队里随军贸易的商贩。

那是在康熙年间，出征噶尔丹的部队从杀虎口出发，后勤供应就由这里的商人负责。这三个人先是合伙开了一个商号叫“吉盛堂”，做些供给军需的生意，当时来来往往途经杀虎口的军队和商贩已成规模。吉盛堂靠着良好的口碑慢慢壮大起来。平叛噶尔丹胜利后，驻军都来到归化城，吉盛堂也随之搬迁，正式改名“大盛魁”。

传说，大盛魁不仅供奉财神，还供奉“桃园三结义”的刘、关、张三兄弟，表明三兄弟创业讲义气。另外，在大盛魁的财神像前，还放着几样东西：一条扁担、两个木箱、一块石头、一个宝盒。这些是什么意思呢？以前的行商都是肩扛扁担走街串巷，所以扁担代表不忘本；初创时期的大盛魁是从小商贩做起的，木箱就是装货物的箱子；石头是最早作为秤砣来使用的衡器。而宝盒的起源众说纷纭，有人认为是一种赌博用的东西，可能是当时三人赌博赢的钱在发家初期起到了重要作用。

大盛魁在清中期最繁盛的时候，据说有 6000 多名员工，商队有 20000 多头骆驼。用现代的话说，就是物流运输力量十分强大。他们的贸易范围除了中国北方各省，还扩展到蒙古、俄罗斯，成为名副其实的富商巨贾。类似大盛魁这样“走西口”来的商号还有很多，他们发展成赫赫有名的晋商。至今仍在传扬的晋商精神，被人们概括为进取、敬业的群体精神。其中，最为重要的还是诚信。“人无信不立”是我们中国人做人最基本的准则，做商人更是应该如此。

第五编

长城印象

一、长城诗篇

自有长城以来，就产生了大量关于长城的文学作品。历代文人墨客从各个方面歌咏长城，除了审美，也加入了时代和个人生活的情感因素。早在《汉书·贾捐之传》中就有“长城之歌，至今不绝”的记载。这些连绵不断的长城诗篇，成为我们感受长城、体悟历史的一个重要媒介。这些诗篇流传下来，也让我们对不同时代的长城和长城脚下人们的社会生活有了更全面的认识。

关于长城的诗文实在太多了，我们这里只能

选择几首来跟大家分享。

在诗歌中，长城很多时候是以建筑物的形态出现的，这也是它的本来面目；但吟诵长城，更多是为了抒发情感。在这些诗人中，有皇帝也有大臣，有将军也有文人，有汉族也有少数民族，他们的作品呈现了长城给人不同的感受。

这些诗文里，有控诉秦始皇修筑长城的暴政罪行，也有歌颂秦始皇千秋一统的丰功伟业；有感叹长城边关的荒野凄凉，也有赞美大漠草原的辽阔景象；有励志征战沙场、为国效力的英雄主义，也有悲叹生活不幸、世事艰难的悲观主义；有表达忧国忧民的天下情怀，也有表达思乡念旧的个人感受。总之，诵读这些诗文，你对长城文化和长城精神的内涵会有更深的了解，所以，它们的重要性不仅体现在文学史上。

有关长城的诗篇，最早的当属《水经注》中

记录的一首秦朝的《长城谣》：“生男慎勿举，生女哺用脯。不见长城下，尸骸相支拄。”意思是，生了男孩一定不要让他长大成人，生了女孩可以用肉哺育她。这是为什么呢？其后两句给出了答案，你难道没有看见长城脚下，尸骨都堆积起来了吗？那些都是为了修筑长城承担繁重劳役的男子。这就是人们不愿意让男孩子长大的原因，不希望他们承受征役，最后累死在长城下。这首诗表达了民众对统治者暴政的愤怒。

另一首比较早的有关长城的诗是汉代乐府《饮马长城窟行》。这个题目的意思是，在长城的脚下有泉窟，就是泉眼，可以饮马。这个题目被后来许多诗人沿用。最早的一篇来自一位无名氏作者，也有人认为是汉代蔡邕所作，开篇两句写道：“青青河畔草，绵绵思远道。”意思是，河边长着茂盛的青草，绵绵的一大片，让我思念起了出门在外的远方亲人。作者可能是写妻子思念丈夫，因为后面几句也写到了辗转反侧、梦见亲人的情形。

东汉蔡文姬的《胡笳十八拍》中，有两处写到长城："夜闻陇水兮声呜咽，朝见长城兮路杳漫。""城头烽火不曾灭，疆场征战何时歇？"蔡文姬就是蔡邕的女儿，在汉末的战乱中曾被匈奴人掳去，在匈奴生活十几年，后来被赎回。她的这首诗写在返回中原的途中，通过这首诗感慨自己的不幸遭遇。这两句提到长城，表达了她思念故土的情感。连年的战火、生活的动荡，让她多年都无法得到家乡的消息，而返乡更是遥不可及。

到了唐代，吟咏长城的诗歌呈现繁荣之状，题材也更加丰富。边塞诗是盛唐诗歌的重要组成部分，因为是描写边塞的风景和生活，所以很多与长城有关。有些气势磅礴，充满豪情壮志；也有些沉郁内敛，饱含悲壮的英雄气概；还有些描写艰苦的自然环境和戍边将士的生活状况。

唐朝的岑参、高适、王之涣、王昌龄、李颀等都写过边塞诗。一些参过军的诗人通过亲身的体验和见闻，在诗中经常使用秋月、大漠、边关、黄沙、烽火、旌旗、羌笛、战鼓，还有关隘和地貌等的意象。诵读这些诗歌，从中得到非常直观的感受是其壮阔的场景、激昂的情感以及强烈的感染力。我们来品读一下下面这几首诗：

白雪歌送武判官归京

［唐］岑参

北风卷地白草折，胡天八月即飞雪。
忽如一夜春风来，千树万树梨花开。
散入珠帘湿罗幕，狐裘不暖锦衾薄。

将军角弓不得控，都护铁衣冷难着。
瀚海阑干百丈冰，愁云惨淡万里凝。
中军置酒饮归客，胡琴琵琶与羌笛。
纷纷暮雪下辕门，风掣红旗冻不翻。
轮台东门送君去，去时雪满天山路。
山回路转不见君，雪上空留马行处。

凉州词

［唐］王之涣

黄河远上白云间，一片孤城万仞山。
羌笛何须怨杨柳，春风不度玉门关。

从军行七首·其四

［唐］王昌龄

青海长云暗雪山，孤城遥望玉门关。
黄沙百战穿金甲，不破楼兰终不还。

还有一首《出塞》，你可能更熟悉；里面提到的飞将军是谁，你知道吗？本书中也讲过他的故事。

出塞二首·其一

［唐］王昌龄

秦时明月汉时关，万里长征人未还。
但使龙城飞将在，不教胡马度阴山。

在宋代，由于特殊的历史背景，也产生了不少激昂慷慨的诗篇，比如南宋著名爱国诗人陆游的《书愤》。这首诗是陆游60多岁时所写，抒发了诗人壮志未酬的愤懑之情。

书愤五首·其一

［宋］陆游

早岁那知世事艰？中原北望气如山。
楼船夜雪瓜洲渡，铁马秋风大散关。
塞上长城空自许，镜中衰鬓已先斑。
《出师》一表真名世，千载谁堪伯仲间？

近代以来，面对内忧外患，很多诗人用新诗的形式，想要警醒国人奋起抗争。长城作为古老中华文明的象征再次频繁出现，其中一些带有反思意味的诗歌也颇具代表性，如闻一多的长诗《长城下之哀歌》。他曾经在给梁实秋的信中，讲到写这首诗的初衷："这是我悲恸已逝的东方文化的热泪之结晶。诗长数千言，乃系一诗人碰死于长城之前的歌词。"

当代诗人中，席慕蓉的《长城谣》流传很

广，表达了一位住在中国台湾的蒙古族女诗人的乡愁；历史的沧桑感跃然纸上，诗中的那些景物都是她魂牵梦绕的故乡。让我们朗读这首诗来体会一下吧。

尽管城上城下争战了一部历史
尽管夺了焉支又还了焉支
多少个隘口有多少次悲欢啊
你永远是个无情的建筑
蹲踞在荒莽的山巅
冷眼看人间恩怨
为什么唱你时总不能成声
写你不能成篇
而一提起你便有烈火焚起
火中有你万里的躯体
有你千年的面容

有你的云 你的树 你的风
敕勒川 阴山下
今宵月色应如水
而黄河今夜仍然要从你身旁流过
流进我不眠的梦中

长城诗篇实在是多到数不过来，想想看，你还学过哪些与长城有关的诗歌呢？

除了诗歌，还有许多文章记录过长城的壮美景观，讨论过长城修筑的功与过，比如贾谊的《过秦论》、高闾的《请筑长城表》、徐彦伯的《登长城赋》、龚自珍的《说居庸关》。现代散文中，吴伯萧的《我还没有见过长城》、叶君健的《在长城上》、刘白羽的《关于长城的回忆》、秦牧的《长城远眺》等也是名篇。我们都可以找来学习，看看这些作家笔下的长城是什么样的。

二、艺术里的长城

美学家宗白华先生说："中国最伟大的美术，最壮丽的美，莫过于长城。我们现在谈美，应从壮美谈起，应从千万人集体所创的美谈起。""壮美"被认为是长城最突出的美学特质，是长城给人最直观的感受。

长城自身漫长的修筑和维护史，长城上发生过的众多历史事件，长城脚下来来往往的各色人物，他们的故事都成为长城艺术的素材库。不同艺术门类都用自己的艺术语言来展现各具特色的长城之美。

前面我们已经讲了文学里的长城，这里我们就从各类艺术出发，谈谈那些以长城为主题的经典艺术作品和它们诞生的故事。当下，越来越多的创作者用擅长的艺术形式来抒发着自己对长城、长城文化、长城精神的理解。

音乐

与长城有关的音乐，有民歌，也有通俗歌曲；有歌剧，也有交响乐。前面我们也提到过《义勇军进行曲》和《长城谣》。

《万里长城永不倒》是20世纪80年代创作的歌曲，也是电视剧《大侠霍元甲》的主题曲。这部电视剧讲的是霍元甲在中国人被称为东亚病

夫的时代，用中国武术精神展现中国人的骨气，对抗外族的侵略。歌曲也同样让人振奋，用“这睡狮渐已醒”来形容中国人已经团结起来了。其中歌词“万里长城永不倒，千里黄河水滔滔，江山秀丽叠彩峰岭，问我国家哪像染病？”，借屹立的长城来指代中华民族一定会重振雄风。随着

电视剧的热播，这首歌也风靡大江南北。

《长城长》是 20 世纪 90 年代创作的歌曲，专门为当时的《长城颂》晚会创作，歌颂了长城戍边精神，更歌颂了伟大的人民子弟兵。其中歌词“太阳照，长城长，长城雄风万古扬，你要问长城在哪里，就看那一身身，一身身绿军装”，让人由“现实长城”联想到“钢铁长城”。

二胡协奏曲《长城随想》是作曲家刘文金于 20 世纪 80 年代初完成的一部大型民族器乐协奏曲，分为《关山行》《烽火操》《忠魂祭》《遥望篇》四个乐章。这部作品的灵感源于 1978 年夏天，刘文金访问美国。他在纽约联合国大厦的休息厅里看到挂着万里长城的壁毯，气象宏大，这让他的民族自豪感油然而生。

戏曲

戏曲是中国传统艺术，自然少不了与长城有

关的内容。比如由民间传说中影响较大的“杨家将”系列故事改编的剧目，就出现在许多地方戏中；还有的剧目讲述明末袁崇焕镇守辽东，抵抗清军的故事。

另外，孟姜女的传说影响至深。这类带有悲情色彩的戏曲演绎，赞美了坚贞不渝的爱情，哭诉了秦始皇暴政对老百姓的伤害。故事内容广为流传，拥有永恒的艺术魅力。

值得一提的是“广昌孟戏”。江西抚州的广昌有这样一种古老的戏种，它的主要内容就是表演孟姜女哭长城，俗称孟戏，据说是明代四大声腔[1]之一的海盐腔的遗音，已经传承五百余年。当地每年正月演出孟姜女大戏，形成民俗，具有重要的艺术价值，入选《第一批国家级非物质文化

①又称南戏四大声腔，指中国明代形成的四种传统戏曲声腔。分别为海盐腔、余姚腔、昆山腔、弋阳腔。

遗产名录》。

影视

长城影视作品有不少都以孟姜女为主题，这也是民间流传最广的长城故事。1926年的电影《孟姜女》是最早的一部，主演是当红演员胡蝶。这是一部默片，也就是无声电影，只有图像，因为早期声音和画面同步的技术问题还没有解决。除了孟姜女的故事，还有一些反映长城一带抗日战争的故事片，如《战争子午线》《剑吼长城东》《烽火长城线》《长城大决战》等。

一些纪录片也展现了长城的风采。如1988年，中国长城学会和十省市合拍的《万里长城》是最早的一部长城电视专题片。后面还有几十部之多，有的反映长城的历史，有的反映与长城有关的历史人物，还有的表现地理风貌、民俗风情。近来的佳作如中央广播电视总台2015年播出的纪录片

《长城：中国的故事》，分为裂变、帝国、出塞、远征、分界、秩序、天下、对峙、开拓、和议、背影和血脉，共十二集，全方位介绍了长城；不是简单按照历史朝代顺序的串联，而是综合反映长城历史文化的各个侧面。本书中的很多故事都可以在纪录片中找到。

美术

在很早的敦煌壁画上就出现了长城城关和城楼的形象，但写实的长城画作出现得并不早。因为中国古代的山水画讲究意境，虚实结合，有着自己的气韵和构图的考虑。中华人民共和国成立后，表现长城大好河山的画作逐渐多起来，比如石鲁的《古长城外》、傅抱石的《古长城下》。前者用写实的手法，描写新中国建设的成就，牧羊人在山头上，似乎听见火车鸣笛的声音，张望着新修成的铁路，非常高兴，背景是雄伟的长城及巍峨的群山；后者更为写意，淡墨色的山体耸立，气势磅礴，远处山顶上有隐约可见的长城，近处有树木和房屋，简单的景物描摹了长城内外的风光。另外一幅有关长城的著名画作出现在人民大会堂的迎宾厅，它就是由傅抱石和关山月共同创作的《江山如此多娇》，在表现锦绣山河的时候，很自然地加入了蜿蜒曲折的长城景观。

建筑

最后来说说长城的建筑之美，我们不能忘记，长城本身就是建筑。它依据地势，穿越山川、河流、草原、沙漠，展现出人工与自然的高度融合，充满艺术之美。长城上还有很多漂亮的装饰图案，造型精巧，变化丰富。所以，长城从来不是冷冰冰的石头墙，它集中展现了中国传统建筑的美学特征，例如崇尚自然和谐、讲究结构对称等。你还知道中国传统建筑有哪些美学特征呢？下次游

览时记得找找看。

三、身边的“长城”

思考一下，你都在哪里看到过长城呢？我说的不是真正的长城，也不是一般文艺作品里的长城，而是那些让你一看就联想起长城的符号。什么是符号呢？简单地说，就是一种象征物，它把我们现实生活中熟悉的东西变形后，放在另外的地方，我们一看见它就会想起原来的那个事物，或者说把它抽象化了。长城是中国的一种文化符号，类似的中国符号还有大熊猫、汉字、孔子、故宫、兵马俑、武术等，一说出来就让你联想到中华文明。

长城在我们身边的很多媒介上都有呈现，在这些特殊的地方，选择用长城符号也是经过深思熟虑的。有的就是实际的景观样貌，但又不同于绘画艺术中的长城，它不只是长城本身的形象表达，还作为有特殊意义的图案标识。比如邮票上的长城、钱币上的长城。

钱币上的长城，早在清朝末年就出现了，这些长城图案有的还和火车、龙的形象组合在一起。民国时期发行的钱币上也有印长城景观的，特别是山海关的图案，各种面额的纸币都有。当然，我们更熟悉的还是人民币，在1949年8月发行的“二百元”人民币的正面就印上了长城。第四套人民币的一元纸币的背面也有长城。长城还在20世纪80年代发行的1元硬币上出现过。

另外，1990年北京亚运会的会徽，2008年北京夏季奥运会的开幕式，都使用了长城元素。2022年北京冬奥会更是开在长城脚下。冬奥会的火炬在八达岭长城传递，火炬上的红色线条就代表着长城、冬奥会滑雪赛道以及人类对于光明、

和平和卓越的不断追逐。长城文化成为北京冬奥会的重要部分。

长城商标更是涵盖了各类商品，据统计，有数千个之多，人们熟悉的有长城汽车、长城葡萄酒、长城瓷砖、长城润滑油等“长城牌”。它们的标识（Logo）上也一般用了艺术化的垛口等长城标志性的样貌，让人一看就明白指的是长城。

长城意象除了在视觉图像上显而易见以外，作为词语，长城也在历史发展中扩展了更丰富的含义，出现了不少今天还在使用的典故。

长城的强大防御功能是其本质属性，常常被比喻为牢不可破的重要事物。在史书上，不少名将都曾被喻为长城。唐太宗李世民就用此来表扬过李勣①。《资治通鉴》记载，李世民把他放在晋

①隋末唐初名将，原名徐世勣，字懋功，后被赐李姓，又为避唐太宗李世民讳，去“世”字，单名勣。

阳驻守，那里“边尘不惊”，指边境安定稳固。“其为长城，岂不壮哉”，指的是把李勣当作长城真是再好不过了。同时，李世民也认为，隋炀帝劳民伤财修筑长城的做法徒劳无益，派能干的将领驻守更为重要。到了明太祖朱元璋时，他也曾把开国功臣徐达称为他的“万里长城”。看来，长城的这一比喻义已成为传统。

有坚不可摧的长城英雄，也会有破坏长城的危险行为。另一个成语“自毁长城”或者“自坏长城”说的就是这个道理。

这个故事出自南北朝时期。南朝宋有一位将军叫檀道济，他很有谋略，能征善战。在宋武帝刘裕时期，檀道济因征战北魏而建立功勋，威信很高，他的几个儿子也很有本事，随从部下都跟着立功无数。于是，朝廷上下有些人由惧生妒，觉得他功高震主，应该除掉。到宋文帝时，有奸臣挑唆皇帝，称一旦朝廷有变，檀道济名望太高，必是不可控之人。

当宋文帝生病时，掌权的彭城王刘义康担心宋文帝死后，檀道济兵变，准备把他调到京城。檀道济接到调令后，妻子提醒他："你功劳太大，还是要提防奸臣为好，无故召你回去，恐怕有变。"可是，檀道济并没有意识到危险降临，天真地以为是彭城王有紧要的军事与他商量。

之后，檀道济在京城待了一段时间。等到宋文帝病好些，他发现没什么情况发生，就准备返回驻地。可是，他刚一上船就又被叫回来，被关进监狱，还被扣上图谋造反的罪名。与此同时，他的儿子和亲信部将都惨遭杀害。史书上记载，当檀道济看到有人要抓他，非常愤怒，他睁大了眼睛，两只眼睛要冒出火一样，书上用了"愤怒气盛，目光如炬"来形容。过了一会儿，他喝了一杯酒，然后把帽子脱下来，狠狠地扔在地上，大声说道：“你们这是在毁掉自己的万里长城啊！”

因为听信谗言而杀掉忠臣，灭掉让人信任的军队，就是在破坏国家的安全保障，无异于是拆掉长城！可见，在南北朝时期，长城已有这样的意义呈现。后来，北魏人听说檀道济被杀，觉得这是上天给的好机会，便肆无忌惮地进攻宋国，果然长驱直入，兵临城下，无人能挡。后悔莫及的宋文帝此时也毫无办法，感慨道：“如果檀道济在的话，就不至于到今天这个地步。”

现在，我们常常用自毁长城这个成语来形容自己削弱、破坏自己的力量和事业。陆游的诗《书愤》中的“塞上长城”说的就是檀道济，他自己也想成为御敌的将领，但是看到镜中的自己已经老迈，只能“空自许”了。

“五言长城”这个比喻出自《新唐书·隐逸传》。据说，唐代诗人刘长卿擅长五言诗，大家最熟悉的恐怕就是《逢雪宿芙蓉山主人》：“日暮苍山远，天寒白屋贫。柴门闻犬吠，风雪夜归人。”刘长卿性格刚直，因而总是得罪上司，几次被贬。他又很自负，称自己为“五言长城”，就是夸赞自己的五言诗水平很高，像长城一样无人可以逾越。

我们形容一些事物具有重要性和体量庞大，也常常用“长城”一词，比如将4.5亿字、10万人参与编写的《中国民族民间文艺集成志书》誉为“文化长城”；将横跨十几个省、面积超过国土四成、规划造林超过5亿亩的“三北”（西北、华北和东北）防护林体系建设工程誉为“绿色长城”。

最后，我们来细数一下与长城有关的成语：狼烟四起、烽火连天、固若金汤、兵临城下、崇

山峻岭、雄关万里、众志成城、蜿蜒曲折、绵延不断、气势磅礴……其实这本书里提到过很多，你还能想起来吗？

四、世界的长城

西方世界最早关于长城的文字记载可能出现在公元 4 世纪。古罗马有位学者曾经在书中提及古老的东方有个赛里斯国，被高高的城墙所环绕。赛里斯国是哪里呢？其实，这是拉丁文 Seres 一词的音译，是不是和中文的“丝”有些像？“丝国”指的就是“中国”。当时中国的丝绸已经传到欧洲，古罗马人并不知道这些丝是怎么得来的，心想是原本就长在树上吗？也有传闻，蚕是一种可怕的动物，只有肚皮被撑爆后，人们才能取出丝，这实在太残忍了。但不管怎样胡思乱想，他们对中国的丝绸还是爱不释手。

到明朝中叶以后，一些传教士来到中国，他们给西方带回更多关于长城的实际情况。有些人可能真的见到了长城，留下了比较详细的记录，有些信息可能也只是道听途说罢了。西方人普遍认为，长城是汉民族为了防御北方鞑靼人所修筑的。清代以后，西方人有了较为先进的地图测量工具后，又对长城做了初步的测绘，这让长城在

外面世界里的形象更加真实。

康熙四十七年（公元1708年），康熙皇帝命令传教士雷孝思、杜德美等人开始测绘版图，他们的起点就是长城。这项工程浩大非凡，历经十年，直到康熙五十七年（公元1718年），《皇舆全览图》才完成，是当时最精确的中国地图。1735年，法

国汉学家杜赫德出版了四卷本的《中华帝国全志》，将传教士们带来的各种关于中国的信息报道梳理汇编，成为中国知识大全，这本书让西方人了解了长城形象。不过，随着清帝国的衰落，外国人对长城这一伟大工程的印象，也转向封闭和保守，与闭关锁国联系到了一起。

20世纪初，一些汉学家和探险家来到长城，更加科学地介绍了它的情况。在这些人当中，美国人威廉·埃德加·盖洛带领一支考察队从山海关走到嘉峪关，拍摄了大量珍贵的照片。盖洛于1909年出版了《中国长城》一书，首次对长城的起源、修建过程、建造目的和伟大意义做了详细的介绍，让外国人可以更加清晰、准确地了解中国的长城。

除了这些地理和科学研究，还有一些西方作家在他们的文学作品里想象了长城的故事。比如，

奥地利作家卡夫卡的短篇小说《中国长城建造时》、阿尔巴尼亚作家伊斯梅尔·卡达莱的中篇小说《长城》、英国作家威廉·林赛的绘本《金色长龙》，等等。

这里我还想给大家讲的是，英国作家毛姆文集《在中国屏风上》里的《长城》一文。酷爱旅行的他曾在1919—1920年到过中国，这部关于中国的58篇游记，包含了各种各样的内容。其中《长城》这篇只写下短短一段话：

巨大、雄伟、令人敬畏的中国长城，静静地耸立在薄雾之中。长城是孤独的，它默默无言地爬上一座座山峰又滑入深深的谷底。长城是威严的，每隔一段距离就耸立着一座坚固的方形烽火台，镇守着边关。长城是无情的，为修建它，数百万的生命葬身于此，每一块巨大的灰色砖石上都沾满了囚犯和流放者的血泪；长城在逶迤而崎岖的群山间开辟出一条黑黝黝的通道来。长城是无畏的，它绵延着无尽的旅程，一里格接着一里格，直到亚洲最边远的角落；它完全不为外界所动，就像它所拱卫的伟大帝国一样神秘。巨大、雄伟、令人敬畏的中国长城，静静地耸立在薄雾之中。（唐建清译）

从这段文字中，我们可以感受到毛姆在旅行中真的亲眼见过长城。两百余字，写出了长城的不同侧面，“巨大、雄伟、令人敬畏”是长城给作家最深的印象。我想，这也是长城给人最直观的印象。站在长城脚下仰视，登临长城关头眺望，都会让我们感到自身的渺小，感慨历史的变迁。

说了这么多中国的长城故事，实际上，在遥远的欧洲也有长城。例如，英国的大不列颠岛上有一道著名的“哈德良长城”，建造于公元122年，长度100多千米。这是罗马帝国人修建的，为了抵御北方的敌人，保护自己的边界。这道长城上也有瞭望塔、城墙和城堡，是罗马帝国的北疆。不过，随着罗马帝国的衰落，这道长城也失去了原来的功能，慢慢变得破败不堪；直到文化遗产保护工作开展后，它才得到修缮，成为著名旅游点。除此之外，朝鲜、印度、德国、澳大利亚等国也都有修筑自己长城的历史。

刀光剑影的长城成为历史，今日和平的长城不分内外。中华民族多元一体的观念已经深入人心，长城两边的各民族就像石榴籽一样共同创造了辉煌灿烂的中华文明。今天的长城主要以文化遗产的形态出现，我们更多的也是去长城参观游览，感受祖国的大好河山。

孙中山先生在《建国方略》中讲道：“长城之有功于后世，实与大禹之治水等。”就是说，长城的重要意义不亚于大禹治水。我们要看到，那些历史故事中的农耕民族和游牧民族，汉人和胡人，都在长城内外生产、生活了两千多年，是他们促进了文化的交往、交流、交融。长城屹立的两千多年也见证了中国的历史变迁，更见证了百年来中国走向繁荣和富强的革命和复兴之路。

1972 年 2 月 24 日，美国前总统尼克松在大雪之后游览八达岭长城时，赞叹道：“这个长城，肯定是由伟大的人民所建，代表中国的过去，也代表中国的未来……有如此建筑的人民肯定有骄傲的过去，有这样伟大历史的人民肯定有伟大的未来。”

长城的故事是讲不完的，它深深地印在我们

每个中国人的心中。千百年来，长城的精神也在我们每个中国人的为人行事中具体化。长城的伟大精神，概括起来就是：“团结统一、众志成城的爱国精神；坚韧不屈、自强不息的民族精神；守望和平、开放包容的时代精神。”

带着孩子游长城
『码』上出发
感受千年文化沉淀
揭秘 建筑原理
手绘漫画 展现建造全部过程
见证 历史变迁
精品视频 探寻中华文明密码
漫谈 长城趣闻
趣味科普 满足孩子所有好奇
尽览 壮阔美景
四季流转 长城风景如诗如画
酒泉